江西师范大学博士文库专项资助成果

西北地区农村教师教学效能实证研究

AN EMPIRICAL STUDY ON
TEACHERS' TEACHING
EFFICACY IN NORTHWEST
RURAL AREAS

赵志纯 著

中国社会科学出版社

图书在版编目（CIP）数据

西北地区农村教师教学效能实证研究／赵志纯著．—北京：
中国社会科学出版社，2015.3
ISBN 978 - 7 - 5161 - 5693 - 3

Ⅰ．①西…　Ⅱ．①赵…　Ⅲ．①农村学校 - 中小学 - 教师 -
教学能力 - 研究 - 西北地区　Ⅳ．①G635.1

中国版本图书馆 CIP 数据核字（2015）第 047366 号

出 版 人　赵剑英
责任编辑　宫京蕾
特约编辑　高川生
责任校对　王佳玉
责任印制　何 艳

出　　版　中国社会科学出版社
社　　址　北京鼓楼西大街甲 158 号
邮　　编　100720
网　　址　http：//www.csspw.cn
发 行 部　010 - 84083685
门 市 部　010 - 84029450
经　　销　新华书店及其他书店

印刷装订　北京市兴怀印刷厂
版　　次　2015 年 3 月第 1 版
印　　次　2015 年 3 月第 1 次印刷

开　　本　710×1000　1/16
印　　张　14.25
插　　页　2
字　　数　211 千字
定　　价　45.00 元

目　　录

第一章

教学效能研究引论

教学效能是教师对自身组织并实施一系列行动以顺利完成特定情境中某个特定教学任务之能力的主观评估与信念，它主要包括教学策略、课堂管理、学生参与 3 个维度。本章主要阐述教学效能的研究背景、研究目的以及研究意义等。

第一节　教学效能的研究背景

教学效能是教师对自身组织并实施一系列行动以顺利完成特定情境中某个特定教学任务之能力的主观评估与信念，它主要包括教学策略、课堂管理、学生参与 3 个维度。本研究针对教学效能这一问题的提出主要基于以下 3 点考量：首先，从国际视野来看，基于对教师素质的日渐关注与重视；其次，从国内背景来看，基于课程改革的时代脉搏；最后，从局部范围来看，基于关注农村教育促进教育公平的需要。

一　对教师素质的日渐关注与重视

20 世纪下半叶，在基础教育阶段，随着世界各国在师资数量方面的问题逐渐得到有效缓解之后，越来越多的管理者和研究者开始由关注师资队伍的数量问题逐渐转向了关注师资队伍的素质问题。此后，教师专业发展、教师养成、教师素质、有效教学等核心命题逐渐成了教师教育领域中的关键词。

在中国，随着中国社会、经济的快速发展，党中央、国务院对教育发展特别是农村教育的发展高度重视，加大了支持的力度，农村教育发展的步伐不断加快。随着义务教育的基本普及，学校办学条件的大幅度改善，免费义务教育政策的实施和公用经费新机制的建立，农村教育发展中原来存在的一些制约因素逐步得到解决，而教师的素质问题则成为制约农村教育发展的重要因素之一，并越来越引起人们的重视。

2010 年 8 月，温家宝在全国教育工作会议上指出，要特别重视加强农村教师队伍建设。如果说教育是国家发展的基石，教师就是奠基者。有好的教师，才可能有好的教育。中国有 1600 万教育工作者，他们长期以来兢兢业业，默默耕耘，不计名利，甘为人梯，培养了一批又一批优秀人才，为中国教育事业和现代化建设做出了不可磨灭的贡献。但是，必须看到中国教师队伍整体素质亟待提高、教师的地位待遇有待加强、教师管理机制需要完善。能否造就一支师德高尚、业务精湛、结构合理、充满活力的高素质专业化教师队伍，是中国教育发展中一项重要而紧迫任务。

2013 年 9 月 10 日，习近平总书记在全国第 29 个教师节的慰问信中指出："各级党委和政府要把加强教师队伍建设作为教育事业发展最重要的基础工作来抓，提升教师素质。"据此可见，十八大胜利召开之后，党和政府更是把保障与加强教师队伍的素质水平提升到了前所未有的战略高度。正是在这种背景之下，教学效能作为教师素质水平的一项核心构成要素，理应受到学界乃至教育者的重视。对教师教学效能加以系统的研究，是提升中国教师队伍素质水平的内在要求。

二　课程改革的时代脉搏

自 2001 年《基础教育课程改革纲要》颁布以来，中国新一轮的基础教育课程改革已经历了 10 多个春秋。新课程改革进一步明确了中小学的培养目标，为中国基础教育质量的进一步提升奠定了基础，同时，也为中国基础教育的健康发展指明了方向①。新课程改革不仅触及课程政策、课程内容、教学方法等方面的改革，而且也涉及教师素质的提高和学校文化的重建。

新的课程理念、新的教材、新的课程评价观，强烈冲击着现有的教师教育体系，对广大教师和教师教育工作者提出了新的更高的要求。它要求中小学教师改变多年来习以为常的教学方式和教学行为，确立一种崭新的教育观念；新课程倡导一种课程共建的文化，需要教师重新认识和确立自己的角色，重视教师的课程参与，改变教师的课堂教学方式，通过教师参与课程建设提升教师的课程意识，使之掌握课程开发的技术。

新课程对教师提出了新要求，教师对课程改革的成败具有重要影响。教师是课程改革的最终执行者，课程改革倡导的理念与教学行为，只有转化为他们的思想和行动才能取得实效②。这些肩负课程改革使命的一线教师，他们是否认同课程改革，是否具有推进课程改革的信心，是否能够按照新课程改革的要求转变自身的教学方式，这是一个关乎课程改革能否继续深入进行的一个关键性问题。基于此，在新课程推行实施的时代脉搏中，对作为教师核心素质的教学效能与课程改革认同、教师教学方式的转变三者之间的作用效应进行深入研究就具有重要意义。

三　基于教育公平的视野关注农村教育

首先，从整体的国际、国内教育发展趋势来看，当前，包括中国在内的世界各国政府都高度重视教育公平问题。2013 年 8 月底，李克强总理在国家科技教育领导小组第一次全体会议上强调指出："教育是民生改善的来源，传承文明的载体。让孩子受教育并且受到良好

---

① 王嘉毅、赵志纯：《西北农村地区新课程适应性的纵向研究——基于 2003 年与 2011 年调查的实证分析》，《课程、教材、教法》2012 年第 1 期，第 1—8 页。

② 尹弘飚、李子建、靳玉乐：《中小学教师对新课程改革认同感的个案分析——来自重庆市北碚实验区两所学校的调查报告》，《比较教育研究》2003 年第 10 期，第 24—29 页。

教育，是几乎每个家庭的共同愿望。……持续发展经济、不断改善民生、促进社会公正是本届政府的三大任务，教育公平具有起点公平的意义，是社会公平的重要基础，可以使人们通过自身努力，提升参与平等竞争的能力，这有助于促进社会纵向流动。"

教育公平是社会公平正义的重要基础。坚持教育的公益性和普惠性，把促进公平作为国家基本教育政策，是促进社会公平的重要基础性任务。因此，应当着力促进公共教育资源配置公平，进一步加大农村、边远贫困地区、民族地区教育投入，加强薄弱环节和关键领域，加快缩小城乡、区域教育发展差距。

其次，从西北的战略地位来讲，西北历来就是中国版图上有着浓重色彩的一片圣土，西北的战略地位从来就是不容忽视的[1]。自中国新课程改革启动实施以来，西北地区农村中小学也和全国其他地区一样，积极开展课程改革，稳步实施新课程。但是，由于受历史、自然、社会经济发展水平等因素的影响，西北地区农村基础教育发展相对滞后。对西北地区农村教师的教学效能进行细致、深入的研究，探明教师教学效能的现状及存在的问题，这不仅有助于新课程在西北地区的继续深入，还有助于进一步促进中国教育公平，实现城乡教育统筹和谐发展。

总之，无论对课程改革的顺利推进，还是农村教育的健康发展，乃至缩小东、西部差距和城乡差距，实现均衡发展都是至关重要的。正是基于这种考虑，笔者专门以西北地区的农村中小学教师作为样本，对他们的教学效能予以研究，这也是中国追求教育公平，统筹城乡教育和谐发展的内在需要。

第二节　教学效能的研究目的

一　甄选有效的测量工具

对于实证研究而言，一个首要的、前提性的任务在于找到合适的

---

[1]　王嘉毅、吕国光主编：《西北少数民族基础教育发展现状与对策研究》，民族出版社2006年版，第1—2页。

测量工具。本研究将针对目前国际上比较成熟的两个教学效能量表进行甄选，通过一些统计指标的综合对比，选出一个更具本土适切性的教学效能量表，从而为日后进一步的测量研究打下基础。

二 研究分析当前中国西北地区农村教师教学效能的现状

首先对西北地区农村教师的整体现状予以描述，然后再具体对比分析教龄、性别、学段、职称等个人背景因素对教师教学效能的影响，最后再对比少数民族地区与普通地区的教师在教学效能上的差异等。这就为提升与改善中国西北农村地区以及少数民族地区教师的教学效能提供了实证依据与参考。

三 探讨教学效能与课程改革认同之间的作用机制

在新课程改革的时代背景下，对教师的教学效能与课程改革认同之间的关系进行结构方程模型分析，着重分析教学效能对课程改革认同的作用效应，从而为提升中国教师的课程改革认同，进一步有效地推进下一阶段的课程改革提供实证依据。

四 探讨教学效能与教学行为方式之间的作用机制

对教学效能与教学行为方式之间的关系进行探讨。课程改革内在的要求之一在于转变教师的教学方式，也即把传统的单一授受方式改进为注重学生参与互动的教学方式。本研究拟通过探讨教学效能对教学方式的影响作用，从而为教师转变教学方式、落实课程改革提供一种新的视角。

第三节 教学效能的研究意义

一 理论意义

首先，可以在一定程度上加强中国教师教学效能研究的相关成果。教学效能的研究起步于西方的 20 世纪 70 年代，在中国起步则相对较晚，这就使得中国在教学效能的研究方面成果较为有限。

本研究通过研究回顾，较为细致地梳理了西方以及中国学者在这一问题上的研究脉络与进展情况，这就在纵向角度把握了教学效能研究的下一步走向；同时，通过实证研究，描绘出西北地区农村教师教学效能的基本面貌，并通过结构方程模型对教学效能与课程改革认同、教学行为方式之间的作用效应予以探讨，得出的研究结论可以在日后进行不同地区间的横向比较，这也在一定程度上加强了中国教师教学效能研究的相关成果。

其次，可以为中国的农村教育研究提供一定的理论基础。农村教育是中国教育的有机组成部分，但长期以来，由于种种原因的限制，中国农村教育研究一直相对薄弱。本研究采用了目前国际上较为成熟的教学效能量表，专门针对西北地区的农村教师展开研究，这可以为中国今后农村教育的改革与发展提供一定的理论指导性。

最后，可以找到一种更具本土适切性的测量工具。本研究的重要内容之一在于甄选更具本土适切性的教学效能测量工具。通过对当前两个较为成熟的教学效能量表的对比分析，并综合运用结构方程模型中验证性因子分析的多重技术指标，本研究甄选出了一种可以有效测量中国教师教学效能的研究工具，这个测量工具可以在日后的研究中进一步推广使用。

二　实践意义

首先，有助于增进对中国西北地区农村教师教学效能现状及其特点的了解。通过对西北地区农村中小学教师教学效能的调查，可以较为详细地摸清当地教师的教学效能现状，从而系统地把握其特点，这就能够为今后有针对性地改善与提高教师的教学效能提供实证依据。同时，也可以为西北地区农村教师培训工作的有效开展提供具体的参考依据和理论支持。

其次，有助于加强对教学效能研究的关注与重视。教学效能的研究在西方发达国家无论是在研究层面还是在实践层面都得到了应有的重视，但相比之下，中国有关教学效能的研究起步较晚，在理论和实践中都对教学效能的研究缺乏重视。目前，中国尚未把教师的教学效能作为评价教师的一项重要指标，并且在教师教育中，也尚未把职前教师教学效能的养成与培养作为一项核心能力对待。笔者通过本研究，希冀引起越来越多的教师教育理论家和实践者对教师教学效能给予应有的重视。

最后，有助于继续深入推进中国的基础教育课程改革实践。中国的课程改革启动实施至今已 10 年有余，目前这个阶段，是中国课程改革的关键时期，具有承上启下的独特意义。这个阶段既要对已经开展的课程改革的经验教训进行反思，又要积极准备、蓄势待发地应对下一波课程改革浪潮的继续深入。在这样一个独特的时期，本研究对教师教学效能与课程改革认同、教学效能与教学方式之间的关系进行详细探讨，这将为下一阶段中国课程改革的继续深入推进提供重要的经验启示与参考依据。

第二章

教学效能研究回顾

教育学术界对教师与教学的研究，大约在 20 世纪 70 年代发生了研究焦点的巨大转变。"学者从原本试图详尽分析教师外显行为的研究思路，转而探讨教师在教学历程中的内在心理层面与认知历程。"[①]而作为心理与认知层面的教学效能，则是近年来教育心理学与教师教育研究的热门课题，国内外很多学者都对此做了积极有益的探讨。本部分将对这些文献进行综合述评。

第一节　教学效能的概念界定

在教学效能的研究领域中，第一个最为重要的问题便是教学效能的概念界定。对研究对象的清晰界定并不是一件可有可无的事情，带着似是而非的模糊概念来从事研究就违背了科学的精神。教育学家胡德海先生在其论著中曾指出："每一门学科都有自己特殊的研究对象。……只有明确了对象，才能开始科学研究，只有科学地界说了研究对象，也才能建立起严格的科学理论及其体系。"[②]

追本溯源，教学效能这一概念始源于班杜拉（Bandura）于 1977 年提出的自我效能概念。自我效能指的是个体"相信自己具有组织和

---

① 吕国光：《教师信念及其影响因素研究》，博士学位论文，西北师范大学，2004 年。

② 胡德海：《教育学原理》，甘肃教育出版社 1998 年版。

执行行动以达到特定成就的能力的信念"①。

自班杜拉提出自我效能的概念及其理论之后，受到了学者们的广泛关注，有关自我效能的研究也逐渐扩展到了许多课题领域，例如学校教育、医学健康、临床治疗、体育运动等多个领域中有关自我效能的实证研究都大量出现。随着自我效能在学校教育领域研究中的不断深入，有关教师教学效能的研究也逐渐增多。

在班杜拉的论著中，自我效能（self - efficacy）是和自我效能感（sense of self - efficacy）、自我效能信念（self - efficacy beliefs）、自我效能知觉（perceived self - efficacy）及效能信念（efficacy beliefs）等术语交替使用的，指的是个体对自己具有组织和执行行动达到特定成就的能力的信念。据此可以看出，自我效能是个体对自己能力的一种主观感受与评估，而不完全等同于客观既存的能力本身。正因如此，源自于自我效能概念的教学效能，是教师对自身教学能力的一种主观判断与评估，也不完全等同于实际的教学能力本身。

目前，在国内外已有的不少研究文献中，教师效能（efficacy of teacher）与教学效能（teaching efficacy）常常作为同义语被混淆使用。然而，笔者认为，教师效能与教学效能还是有着内在区别的，二者之间的区别主要包括以下两点。

第一，从运作的场域来看，教学效能主要是运作于课堂教学过程中，而教师效能的运作场域既可以包括课堂，也可以包括除课堂之外的其他一切可能产生教育影响的场域（如校园里、操场上等）。总之，教师效能可以运作于教师与学生发生接触、产生互动的任何时间和地点，而教学效能的运作则仅仅限于在正式的课堂教学过程中。

第二，从运作的目标定向来看，教学效能的目标定向主要是指向每节课的课堂教学任务，而教师效能的目标定向不仅包括教师每节课的课堂教学任务，还包括学生其他方面的发展与成就（如学生健康人格的养成、良好价值观的塑造等）。

---

① ［美］A. 班杜拉：《自我效能：控制的实施》，缪小春、李凌、井世洁、张小林译，华东师范大学出版社 2003 年版。

博曼（Berman）等人曾将教学效能定义为："教师深信自己有能力影响学生之学业成就的信念程度。"① 这是笔者检索到的最早的有关教学效能的定义，不难看出这一定义的内涵是相当宽泛的，它实际上指的是教师效能而非教学效能。综上所述，笔者认为，教师效能在概念上要比教学效能更宽泛，可以说教学效能是教师效能的重要组成部分。

总而言之，在教学效能的概念上，要紧紧围绕课堂教学这一关键词，也即教学效能主要是运作于课堂教学过程之中，其他场合和时间的教师效能一概不在本研究所界定的教学效能范畴内。基于此，笔者最终采纳莫兰（Tschannen‐Moran）和霍伊（Woolfolk Hoy）在其研究中所界定的定义："教师对自身组织并实施一系列行动以顺利完成特定情境中某个特定教学任务之能力的信念。"②

第二节　教学效能后果变量的有关研究

教学效能的后果变量，也即教学效能的研究意义，重点探讨的是教学效能能够对哪些教育教学相关因素产生重要作用与影响。这类研究成果显得尤为重要，因为它关乎教学效能是否值得为人们所重视，研究教学效能是否具有价值。换言之，如果无法影响教师的教学行为与教学产出，则教学效能就根本没有再深入探讨的必要。所幸的是，这类取向的现有研究成果充分肯定了进行教学效能研究的价值与必要性。

回顾以往的研究文献可以发现，教学效能的意义与价值的研究主要沿着两大路径展开，其一是教学效能对学生学业的影响，其二是教

---

① Berman, P., McLaughlin, M., Bass, G., Pauly, E. and Zellman, G. (1977). *Federal Programs Supporting Educational Change. Vol. VII Factors Affecting Implementation and Continuation.* Report No. R‐1589/7‐HEW Santa Monica, CA: The Rand Corporation (ERIC Document Reproduction Service No. 140 432). 137.

② Tschannen‐Moran, M., Woolfolk‐Hoy, A. and Hoy, W. K. (1998). Teacher Efficacy: Its Meaning and Measure. *Review of Educational Research*, 68 (2), 202‐248.

学效能对教师自身职业生涯、专业发展的影响。因此，笔者在下文的研究回顾中也主要是根据这两大路径展开。

一　教学效能对学生学业的影响

教学效能——作为与学生学业成就密切相关的一项教师特质之一，早在 1976 年就在有关研究中得到了初步确认。1976 年，阿莫尔（Armor）等人的研究发现，教师的教学效能与学生的学业成绩、学业动机等因素之间密切相关[①]。自此之后，又有许多学者继续跟进这方面的研究，取得了许多研究成果。

首先，从教学效能与学生的学业成绩和学业动机的关系来看，莫尔（Moore）和艾斯尔曼（Esselman）研究发现，教学效能与学生的学业成绩呈正相关[②]。维特森（Watson）也通过自己的研究证实了这一结论[③]。博曼（Berman）、迈克拉夫林（McLaughlin）、贝斯（Bass）、波利（Pauly）和泽尔曼（Zellman）等 5 人于 1977 年进行的研究也证实，教学效能是影响学生学业成绩和学业动机的重要变量[④]。此外，布鲁克沃（Brookove）、施维特斯（Schweitze）、施耐德（Schneider）、比蒂（Beady）、弗莱德（Flood）和韦森贝克（Wisen-baker）等 6 人于 1978 年的研究也再一次证实了教学效能对学生学业

---

① Armor, D. , Conroy – Oseguera, P. , Cox, M. , King, N. , McDonnell, L. , Pascal, A. , Pauly, E. and Zellman, G. (1976). *Analysis of the School Preferred Reading Program in Selected Los Angeles Minority Schools.* Report No. R – 2007 – LAUSD；ERIC Document Reproduction No. 130 243. Santa Monica, CA：Rand Corporation.

② Moore, W. and Esselman, M. (1992). *Teacher Efficacy, Power, School Climate and Achievement：A Desegregating District's Experience.* Paper Presented at the Annual Meeting of the American Educational Research Association, San Francisco.

③ Watson, S. (1991). *A Study of the Effects of Teacher Efficacy on the Academic Achievement of Third – grade Students in Selected Elementary Schools in South Carolina.* Unpublished Doctoral Dissertation, South Carolina State College, Orangebury, SC.

④ Berman, P. , McLaughlin, M. , Bass, G. , Pauly, E. and Zellman, G. (1977). *Federal Programs Supporting Educational Change. Vol. VII Factors Affecting Implementation and Continuation.* Report No. R – 1589/7 – HEW Santa Monica, CA：The Rand Corporation（ERIC Document Reproduction Service No. 140 432）.

成绩与动机的影响①。罗斯（Ross）的研究也得到了同样的结论②。米德格雷（Midgley）、费德劳弗（Feldlaufer）和埃希里斯（Eccles）通过自己的研究也得到了类似的结论③。

其次，从教学效能与学生学业方面的其他变量来看，安德森（Anderson）、格林尼（Greene）和洛温（Loewen）3 人的研究发现，教师的教学效能与学生的学习效能正相关④。沃尔夫科（Woolfolk）、约瑟夫（Rosoff）和霍伊3 人的研究发现，教学效能能够使学生对学校和教师持有更为积极的态度⑤。伯顿（Borton）则通过实证研究发现，教师的教学效能能够促进学生的自尊与亲社会态度⑥。

通过以上这些大量的实证研究，教学效能对于学生学业的重要影响作用被揭示出来，从而进一步奠定了教学效能的学术研究价值。从这些研究的时间年份来看，它们大多都处于20 世纪七八十年代，属于教学效能早期的一些研究成果。随着教学效能研究的进一步深入，晚些时候，有关教学效能后果变量方面的研究，逐渐由研究对学生学业的影响转向了研究教学效能对教师自身的意义与价值。

---

① Brookover, W. , Schweitzer, J. , Schneider, C. , Beady, C. , Flood, P. and Wisenbaker, J. (1978). Elementary School Social Climate and Student Achievement. *American Educational Research Journal*, 15, 301 – 318.

② Ross, J. A. (1992). Teacher Efficacy and the Effect of Coaching on Student Achievement. *Canadian Journal of Education*, 17 (1), 51 – 65.

③ Midgley, C. , Feldlaufer, H. and Eccles, J. (1989). Change in Teacher Efficacy and Student self – and Task – related Beliefs in Mathematics During the Transition to Junior High School. *Journal of Educational Psychology*, 81, 247 – 258.

④ Anderson, R. , Greene, M. and Loewen, P. (1988). Relationships Among Teachers' and Students' Thinking Skills, Sense of Efficacy, and Student Achievement. *The Alberta Journal of Educational Research*, 36 (2), 148 – 165.

⑤ Woolfolk, A. E. , Rosoff, B. and Hoy, W. K. (1990). Teachers's Sense of Efficacy and Their Beliefs About Managing Students. *Teaching and Teacher Education*, 6, 137 – 148.

⑥ Borton, W. (1991). *Empowering Teachers and Students in A Restructuring School: A Teacher Efficacy Interaction Model and the Effect on Reading Outcomes.* Paper Presented at the Annual Meeting of the American Educational Research Association, Chicago.

二 教学效能对教师自身的影响

近些年，有关教学效能对教师自身之影响的研究文献大量涌现，这些文献主要围绕着教学效能对教师的职业承诺、坚持从教性、教学行为、教学态度、职业压力、职业倦怠、职业成长等方面展开。

许多研究表明，教学效能对教师的职业承诺、组织承诺具有重要影响。教学效能信念能够使教师在其职业生涯中遇到各种困难时依然坚持从教，并且提升他们面对挫折的抗压能力。

伯力（Burley）、霍尔（Hall）、威利米（Villeme）和布莱克迈尔（Brockmeier）的实证研究表明，高效能的新手教师在其职业生涯中会表现出更大的乐观性，从而有助于他们在教师职业中的坚持性[1]。皮亚雷斯（Pajares）的研究指出，教师的自我效能与教师的工作投入、工作压力、面对困难时的坚持性以及逆境中的回复力显著相关[2]。还有研究表明，具有较低效能的教师中途退出教学生涯的可能性更大，那些中途离职的教师其教学效能显著低于坚持从教在岗的教师[3]，而相对来讲，那些具有较高教学效能的教师则更热爱教育教学事业[4]，

---

[1] Burley, W. W. , Hall, B. W. , Villeme, M. G. and Brockmeier, L. L. (1991, *April*) *A Path Analysis of the Mediating Role of Efficacy in First - year Teachers' Experiences, Reactions, and Plans.* Paper Presented at the Annual Meeting of the American Educational Research Association, Chicago.

[2] Pajares, F. (1996) . Self - efficacy Beliefs in Academic Settings. *Review of Educational Research*, 66, 543 - 578.

[3] Glickman, C. and Tamashiro, R. (1982) . A Comparison of First - year, Fifth - year, and Former Teachers on Efficacy, Ego Development, and Problem Solving. *Psychology in Schools*, 19, 558 - 562.

[4] Allinder, R. M. (1994) . The Relationship Between Efficacy and the Instructional Practices of Special Education Teachers and Consultants. *Teacher Education and Special Education*, 17, 86 - 95; Guskey, T. R. (1984) . The Influence of Change in Instructional Effectiveness upon the Affective Characteristics of Teachers. *American Educational Research Journal*, 21, 245 - 259; Hall, B. , Burley, W. , Villeme, M. and Brockmeier, L. (1992) . *An Attempt to Explicate Teacher Efficacy Beliefs Among First Year Teachers.* Paper Presented at the Annual Meeting of the American Educational Research Association, San Francisco.

具有较高的职业承诺①，因而更能够坚守在教育教学岗位上②。

米尔诺（Milner）和霍伊通过大量的正式访谈、非正式访谈以及在多种情境下的观察，对一名黑人女教师进行了历时 5 个月的个案研究③。研究表明，教师教学效能的高低的确是决定教师能否坚持从教的重要因素。一个具有较高效能的教师，即使在职业生涯中经历了很多挫折与苦难，他/她也能够克服困难并一如既往地热爱教育事业，坚持从教。

还有许多研究详细地探讨了教学效能与课堂教学的关系。艾莫尔（Emmer）和西科曼（Hickman）、吉布森（Gibson）和登博（Dembo）、伯戴尔（Podell）和苏达克（Soodak）都通过各自的研究发现，教师的教学效能与教学行为之间显著相关④。阿林德（Allinder）的实

---

① Coladarci, T. (1992). Teachers' Sense of Efficacy and Commitment to Teaching. *Journal of Experimental Education*, 60 (4), 323 - 337; Evans, E. D. and Tribble, M. (1986). Perceived Teaching Problems, Self - efficacy and Commitment to Teaching Among Preservice Teachers. *Journal of Educational Research*, 80 (2), 81 - 85; Trentham, L., Silvern, S. and Brogdon, R. (1985). Teacher Efficacy and Teacher Competency Ratings. *Psychology in Schools*, 22, 343 - 352.

② Burley, W. W., Hall, B. W., Villeme, M. G. and Brockmeier, L. L. (1991, April) *A Path Analysis of the Mediating Role of Efficacy in first - year Teachers' Experiences, Reactions, and Plans*. Paper Presented at the Annual Meeting of the American Educational Research Association, Chicago; Glickman, C. and Tamashiro, R. (1982). A Comparison of First - year, fifth - year, and Former Teachers on Efficacy, Ego Development, and Problem Solving. *Psychology in Schools*, 19, 558 - 562; Milner, H. R. (2002). A case Study of an Experienced Teacher's self efficacy and Persistence Through Crisis Situations: Theoretical and practical considerations. *The High School Journal*, 86, 28 - 35.

③ Milner, H. R. and Woolfolk Hoy, A. (2003). A Case Study of African American Teacher's Self - efficacy, Stereotype Threat, and Persistence. *Teaching and Teacher Education*, 19, 263 - 276.

④ Emmer and Hickman, (1991). Teacher Efficacy in Classroom Management and Discipline. *Educational and Psychological Measurement*, 51, 755 - 765; Gibson, S. and Dembo, M. (1984). Teacher Efficacy: A Construct Validation. *Journal of Educational Psychology*, 76 (4), 569 - 582; Podell, D. and Soodak, L. (1993). Teacher Efficacy and Bias in Special Education Referrals. *Journal of Educational Research*, 86 (4), 247 - 253.

证研究表明，教学效能与教学态度显著相关①。此外，还有研究发现，高教学效能的教师更倾向于在教学过程中使用活动学习②，并且以学生为中心进行教学③。

阿什顿（Ashton）和韦博（Webb）2 人的研究发现"具有高效能的教师似乎更倾向于运用一种能够最大限度地消除负面影响的［教学］策略，提升［对学生的］成就期待，并营造出一种具有良好人际关系与学习活动之特征的课堂情境"④，不仅如此，具有较高教学效能的教师更能够宽容学生，在学生犯错时较少批评学生。

吉布森和登博通过实证研究指出，教师的教学效能"可以影响某些特定的行为模式，而这些行为模式与成就获得有关"⑤。例如，在教学过程中，具有较高效能的教师倾向于不懈地帮助"学困生"，使其通过自身的努力获得正确的答案，而不是仅仅把答案告诉学生或让其他学生说出答案。

此外，吉布森和登博还就高、低效能的教师如何管理班级活动进行了一项微观分析和观察研究。教学效能较高的教师，把更多的班级时间投入学业活动，给遇到困难的学生提供成功所需的引导，表扬他们所取得的学业成就。相反，教学效能较低的教师，把更多的时间花费在非学业性娱乐上，并且易于放弃进步较慢的学生、批评孩子们的

①　Allinder, R. M. (1994). The Relationship Between Efficacy and the Instructional Practices of Special Education Teachers and Consultants. *Teacher Education and Special Education*, 17, 86‒95.

②　Enochs, L. G., Scharmann, L. C. and Riggs, I. M. (1995). The Relationship of Pupil Control to Preservice Elementary Science Teacher Self‒efficacy and Outcome Expectancy. *Science Education*, 79 (1), 63‒75.

③　Czerniak, C. M. and Schriver, M. L. (1994). An Examination of Preservice Science Teachers' Beliefs and Behaviors as Related to Self‒efficacy. *Journal of Science Teacher Education*, 5 (3), 77‒86.

④　Ashton, P. T. and Webb, R. B. (1986). *Making A Difference: Teachers' Sense of Efficacy and Student Achievement*. New York: Longman.

⑤　Gibson, S. and Dembo, M. (1984). Teacher Efficacy: A Construct Validation. *Journal of Educational Psychology*, 76 (4), 569‒582.

失败。

还有研究表明，教学效能能够影响教师的教学投入、目标设定和工作热情。具有较高教学效能的教师，对新的教育观念持有更为积极开放的心态，并且更愿意尝试新的教学方法以更好地适应学生的学习需求[1]。另外，阿林德、米尔诺各自的研究都发现，具有较高教学效能的教师，更倾向于表现出较高水平的组织性与计划性教学。

还有研究表明，教学效能与教师培训具有重要关系。艾诺克斯（Enochs）和瑞格斯（Riggs）研究发现，教学效能能够影响教师培训[2]。豪赛格（Housego）的研究也得到了类似的结论[3]。罗斯、考森斯（Cousins）和甘德拉（Gadalla）3 人的研究指出，教学效能是教师身上的重要品质之一，它能够影响教师的教学实践与学生成绩，更重要的是，它应当得到良好的培训、体验与支持[4]。

教学效能也能够影响教师的职业成长。阿布里（Abele）和斯伯克（Spurk）2 人以包括 83 名教师（39 名女教师、44 名男教师）在内的 734 名从事不同职业的人员为样本，进行了长达 7 年（毕业入职伊始、入职 3 年后、入职 7 年后）的追踪研究，通过运用结构方程分

---

① Ghaith, G. and Yaghi, M. (1997). Relationships Among Experience, Teacher Efficacy and Attitudes Toward the Implementation of Instructional Innovation. *Teaching and Teacher Education*, 13, 451 - 458; Guskey, T. R. (1988). Teacher Efficacy, Self, Concept, and Attitudes Toward the Implementation of Instructional Innovation. *Teaching and Teacher Education*, 4, 63 - 69; Milner, H. R. (2002). A Case Study of An Experienced Teacher's self Efficacy and Persistence Through Crisis Situations: Theoretical and Practical Considerations. *The High School Journal*, 86, 28 - 35; Stein, M. K. and Wang, M. C. (1988). Teacher Development and School Improvement: The Process of Teacher Change. *Teaching and Teacher Education*, 4, 171 - 187.

② Enochs, L. G. and Riggs, I. M. (1990). Further Development of An Elementary Science Teaching Efficacy Belief Instrument: A Preservice Elementary Scale. *School Science and Mathematics*, 90 (8), 694 - 706.

③ Housego, B. (1990). A Comparative Study of Teachers' Feelings of Preparedness to Teach. *Alberta Journal of Educational Research*, 36, 223 - 240.

④ Ross, J. A., Cousins, J. and Gadalla, T. (1996). Within Teacher Predictors of Teacher Efficacy. *Teaching and Teacher Education*, 12, 385 - 400.

析表明，职业自我效能与职业成长目标（career – advancement goals）的树立呈中度相关，并且入职之初的职业自我效能对个体的薪资、层级地位等有显著作用——被试入职之初的职业自我效能越高，他们的收入与层级地位在入职几年后也就相对越高[①]。

此外，教学效能也能够影响教师的职业倦怠。荷兰学者布鲁沃斯（Brouwers）和托米克（Tomic）对教学效能如何影响教师职业倦怠展开了详细的实证分析[②]。他们对荷兰林堡的 243 名中学教师进行了前后间隔为 5 个月的纵向追踪研究，通过结构方程模型分析得出了教学效能与职业倦怠之间的路径关系图（图 2 – 1）：从横向关系来看，情绪枯竭作用于教学效能，教学效能作用于个人成就感；从纵向关系来看，教学效能作用于去人格化。

还有实证研究发现，教师的教学效能对课程改革、教学改革等具有重大影响。罗斯、考森斯和甘德拉的实证研究指出，具有较高教学效能的教师由于降低了对失败的恐惧心理，因而他们更愿意承担因教学改革而带来的风险，尝试采用新的教学方法[③]。范科斯（Fuchs）等人的研究也表明，教学效能影响教师对教育改革的接纳性[④]；德麦斯奎塔（DeMesquita）和德瑞克（Drake）的研究也证实，教学效能高的教师对教育改革持有更为积极的态度[⑤]。

除了教学效能对上述一些变量具有显著作用之外，还有许多研究

---

① Abele, A. E. and Spurk, D. (2009). The Longitudinal Impact of Self – efficacy and Career Goals on Objective and Subjective Career Success. *Journal of Vocational Behavior*, 74, 53 – 62.

② Brouwers, A. and Tomic, W. (2000). A Longitudinal Study of Teacher Burnout and Perceived Self – efficacy in Classroom Management. *Teaching and Teacher Education*, 16, 239 – 253.

③ Ross, J. A., Cousins, J. and Gadalla, T. (1996). Within Teacher Predictors of Teacher Efficacy. *Teaching and Teacher Education*, 12, 385 – 400.

④ Fuchs, L. S., Fuchs, D. and Bishop, N. (1992). Instructional Adaptation for Students at Risk. *Journal of Educational Research*, 86, 70 – 84.

⑤ DeMesquita, P. B. and Drake, J. C. (1994). Educational Reform and the Self – efficacy Beliefs of Teachers Implementing Nongraded Primary School Programs. *Teaching and Teacher Education*, 10, 291 – 302.

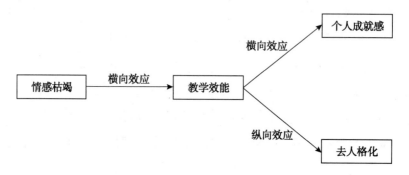

图2-1　教学效能与职业倦怠三个维度之间的关系[①]

表明，教学效能与其他一些变量息息相关：教学效能可以影响教师相互间进行合作的意愿[②]；影响学校的有效性[③]；影响教育项目实施的成功性[④]；影响教师的职业压力[⑤]；影响教师的工作满意度[⑥]；有助于

---

① 转引自 "A Longitudinal Study of Teacher Burnout and Perceived Self‐efficacy in Classroom Management"，作者 A. Brouwers and W. Tomic，2000，*Teaching and Teacher Education*，16，p. 249。Elsevier Science Ltd. 2000 版权所有。翻译转载已获作者允许。

② Morrison, G., Wakefield, P., Walker, D. and Solberg, S. (1994). Teacher Preferences for Collaborative Relationships: Relationship to Efficacy for Teaching in Prevention‐related Domains. *Psychology in the Schools*, 31, 221 - 231; Raudenbush, S., Rowen, B. and Cheong, Y. (1992). Contextual Effects on the Self‐perceived Efficacy of High School Teachers. *Sociology of Education*, 65, 150 - 167.

③ Hoy, W. K., & Woolfolk, A. E. (1993). Teachers' Sense of Efficacy and the Organizational Health of Schools. *Elementary School Journal*, 93, 335 - 372.

④ Guskey, T. R. (1988). Teacher Efficacy, Self‐concept, and Attitudes Toward the Implementation of Instructional Innovation. *Teaching and Teacher Education*, 4, 63 - 69.

⑤ Bliss, J. and Finneran, R. (1991). *Effects of School Climate and Teacher efficacy on Teacher Stress*. Paper Presented at the Annual Meeting of the American Educational Research Association, Chicago; Parkay, F. W., Greenwood, G., Olejnik, S. and Proller, N. (1988). A Study of the Relationship Among Teacher Efficacy, Locus of Control, and Stress. *Journal of Research and Development in Education*, 21 (4), 13 - 22; Smylie, M. A. (1988). The Enhancement Function of Staff Development: Organizational and Psychological Antecedents to Individual Teacher Change. *American Educational Research Journal*, 25, 1 - 30.

⑥ Lee, V. E., Dedrick, R. and Smith, J. (1991). The Effect of the Social Organization of Schools on Teachers' Efficacy and Satisfaction. *Sociology of Education*, 64, 190 - 208.

提高在学校教育中家长的参与程度①。

通过对以上教学效能的后果变量的回顾，可以发现教师的教学效能不仅显著地影响学生的学业成绩，也显著地影响着教师自身的职业活动。从研究的时间上来看，在 20 世纪七八十年代以研究教学效能对学生的影响为主，之后则逐渐把探讨的重心转向了研究教学效能对教师自身各方面的影响。

第三节　教学效能前因变量的有关研究

既然教学效能如此重要，关乎教师的教和学生的学，那么对教学效能的影响因素、形成机制进行探讨就显得尤为重要，只有如此才能为教师教学效能的养成与提升提供科学依据。

已有的研究表明，教学经验的增长有助于提升教学效能。豪赛格研究发现，入职前的教师和新手教师的教学效能较低，但是随着教学经验的增长，他们的教学效能逐渐提升，最终成了具有胜任力的专业人士②。另外，还有许多研究证实实习教师的教学效能在参加教学实习之后都得到显著提升③。

穆荷兰德（Mulholland）和威利斯（Wallace）通过研究指出，教

①　Hoover – Dempsey, K. , Bassler, O. C. and Brissie, J. S. (1987). Parent Involvement：Contributions of Teacher Efficacy, School Socioeconomic Status, and Other School Characteristics. *American Educational Research Journal*, 24, 417 – 435; Hoover – Dempsey, K. V. , Bassler, O. C. and Brissie, J. S. (1992). Parent Efficacy, Teacher Efficacy, and Parent Involvement：Explorations in Parent – school Relations. *Journal of Educational Research*, 85 (5), 287 – 294.

②　Housego, B. (1990). A comparative Study of Teachers' Feelings of Preparedness to Teach. *Alberta Journal of Educational Research*, 36, 223 – 240.

③　Fortman, C. K. and Pontius, R. (2000). *Self – efficacy During Student Teaching*. ERIC Document Reproductive Service No. ED 447103; Hoy, W. K. and Woolfolk, A. (1990). Socialization of Student Teachers. *American Educational Research Journal*, 27 (2), 279 – 300; Rushton, S. P. (2000). Student Teacher Efficacy in Inner – city Schools. *The Urban Review*, 32, 365 – 383; Woolfolk Hoy, A. and Burke Spero, R. (2005). Changes in Teacher Efficacy During the Early Years of Teaching：A Comparison of Four Measures. *Teaching and Teacher Education*, 21, 343 – 356.

学实习和入职第 1 年对教师的教学效能具有重要影响①。对于新手教师来说，动作性掌握经验是其效能信念的重要养成因素之一。另外，反馈性表现——源自学生在课堂中的学习热情、积极参与，以及口头说服——源自老教师（experienced teachers）的鼓励与忠告，二者都是新手教师其教学效能的重要影响因素。

霍伊和司伯鲁（Spero）综合运用 4 种不同的教学效能量表对美国中西部某国立大学攻读教育硕士的 29 名②小学教师展开了 3 个阶段的纵向追踪研究③。尽管研究的样本量较小，但是由于分别采用了 4 种不同的研究工具，从而形成了工具间的印证性，因而有效克服了样本量过小的弊端，在很大程度上提高了研究的可信度。研究发现，教学效能在教学实习中显著上升，在入职从教 1 年之后显著下降（图 2 - 2)④，而之所以产生这种变化的原因与教师所接受到的教学支持密切相关。

科隆布罗奇（Knoblauch）和霍伊运用量表对 102 名进入中小学实习的大学师范生（student teacher）进行了纵向追踪性的定量研究⑤，研究分两阶段收集数据，对比了实习前后师范实习生在教学效能方面的变化，着重分析了学校环境因素（城市、郊区、乡村）、集体教学效能、实习指导教师（cooperating teacher）3 个因素对实习生教学效

---

① Mulholland, J., & Wallace, J. (2001). Teacher Induction and Elementary Science Teaching: Enhancing Self - efficacy. *Teaching and Teacher Education*, 17, 243 - 261.

② 纵向研究共分 3 个阶段进行，最初参加调查研究的共有 53 名教师，到第 3 阶段则有 29 名教师参加完成了调查研究，也即共有 29 名教师参加了全程的、各阶段的调查研究。

③ Woolfolk Hoy, A., & Burke Spero, R. (2005). Changes in Teacher Efficacy During the Early Years of Teaching: A Comparison of Four Measures. *Teaching and Teacher Education*, 21, 343 - 356.

④ OSU 量表测得的教学效能分值例外，OSU 的测量曲线在后半段基本持平，并未显著下降。

⑤ Knoblauch, D. and Woolfolk Hoy, A. (2008). "Maybe I Can Teach Those Kids." The Influence of Contextual Factors on Student Teachers' Efficacy Beliefs. *Teaching and Teacher Education*, 24, 166 - 179.

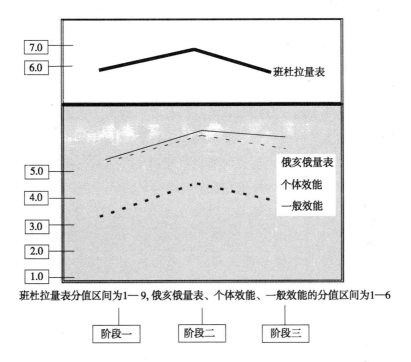

班杜拉量表分值区间为1—9,俄亥俄量表、个体效能、一般效能的分值区间为1—6

图2-2　4种测量工具测得的教学效能分值的纵向变化曲线[①]

能的影响。研究发现：（a）城市、郊区、乡村3组实习生在实习后,教学效能都显著提高；（b）在城市学校中进行实习的师范生所感知到的集体效能显著较低；（c）回归分析表明,集体效能对个体教学效能的预测效应值接近显著水平；（d）实习生所感知到的实习指导教师的教学效能对实习生的教学效能具有正向预测作用。

米尔诺和霍伊通过个案研究指出[②],学生及其家长对教师工作的肯定、理解与尊重对教师教学效能的提升具有十分重要的作用。此外,教师的反思能力,也即教师通过对过去的成功经验进行反思,并

① 引自"Changes in Teacher Efficacy During the Early Years of Teaching: A Comparison of Four Measures",作者 A. W. Hoy and R. B. Spero, 2005, *Teaching and Teacher Education*, 21, p. 351。Elsevier Science Ltd. 2005 版权所有。翻译转载已获作者允许。

② Milner, H. R. and Woolfolk Hoy, A. (2003). A Case Study of African American Teacher's Self - efficacy, Stereotype Threat, and Persistence. *Teaching and Teacher Education*, 19, 263 - 276.

且将这种成功经验迁移到教育教学情境当中，非常有效地强化了教学效能信念。

　　布鲁沃斯和托米克通过研究提出了教学效能的循环作用模型①：在课堂管理过程中，学生较多的问题行为引发教师教学效能的降低，效能的降低则又加剧了教师职业倦怠的程度，加剧后的教师职业倦怠将导致学生更多的问题行为，而学生更多的问题行为最终又导致教学效能的进一步降低。这个模型清晰地描述出了学生的问题行为和教师的职业倦怠对教学效能的作用路径。

　　一些实证研究发现，学校环境中的集体效能对教师的个体效能②也有着十分重要的影响。高达德（Goddard）等人运用量表对教师教学的个体效能与集体效能之间的关系进行了细致的探讨③。研究样本取自于美国中西部某城市的一个大型学区，从这个学区中随机抽取了47所小学的452名教师作为样本。研究发现，组织因素、学校环境（school context）对教师的个体教学效能具有重要的预测作用；而集体效能作为组织因素、学校环境的重要构成因素，应当受到格外的重视。因为，研究表明集体效能越高的学校，教师的个体效能也越高。另外，与社会经济地位（socio - economic status）、先前成绩等学生因素相比，集体效能是教师个体效能的唯一显著的预测指标。

　　还有研究表明，个体的归因方式也会对教学效能产生重要影响。平特里奇（Pintrich）和司兰克（Schunk）研究发现，如果成功被归因于内部的或可控的因素，诸如个人的能力或努力等，那么教师的教

---

　　① Brouwers, A. and Tomic, W. (1998, July). *Student Disruptive Behaviour*, *Perceived Self - efficacy in Classroom Management and Teacher Burnout*. Paper Presented at the Ninth European Conference on Personality, University of Surrey.

　　② "集体效能"、"个体效能"是一种简称。实际上，"集体效能"的全称是"集体教学效能"，"个体效能"的全称是"个体教学效能"，为简便起见，笔者在文中使用了简称。

　　③ Goddard, R. D. and Goddard, Y. L. (2001). A Multilevel Analysis of the Relationship Between Teacher and Collective Efficacy in Urban Schools. *Teaching and Teacher Education*, 17, 807 - 818.

学效能就会提高；反之，如果成功被归因于运气或其他外部的、不可控的因素时，那么教师的教学效能就有可能无法得到提升[①]。

另外，有研究表明，教学资源能够对教学效能产生作用。莫兰、沃尔夫科和霍伊 3 人提出的教学模型指出，教师对自身效能的判断在一定程度上取决于评估其所处的特定教学情境中的教学资源，有效的教学资源以及教学设备的质量好坏能够对教师的教学效能产生影响[②]。

通过对教学效能影响因素的文献回顾表明，教学效能的显著影响因素主要包括教师的教学经验，学生及其家长对教师工作的肯定、理解与尊重，教师的反思能力，学校的整体氛围与集体效能，教师个体的归因方式，教学资源等因素。

第四节　教学效能的测量研究

与上述几个方面的问题相比，教学效能的结构与测量研究是一个非常复杂的课题。目前，尽管有关教学效能测量的研究较多，但是由于各个学者所使用的构念与维度很不统一，并且各自的理论基础也不尽相同，这就导致各个测量工具之间的差异性较大，可谓五花八门、各说各话。

莫兰、沃尔夫科和霍伊 3 位学者通过对上百篇的期刊论文、会议论文和学术专著等进行梳理后提出，教学效能结构与测量的研究是沿着两条路径范式发展的[③]。第一条路径范式是以罗特（Rotter）的控制点理论为基点，第二条路径范式则是以班杜拉的社会认知理论为基点，并且这两条路径范式还表现出了淡化界限、相互整合的趋势。因此，笔者也沿着这两条路径对相关文献进行了梳理。

---

①　Pintrich, P. R. and Schunk, D. H. （2002）. *Motivation in Education：Theory, Research and Applications.* （2nd ed.）Upper Saddle River, N. J：Merill Prentice Hall.

②　Tschannen – Morean, M., Woolfolk – Hoy, A. and Hoy, W. （1998）. Teacher efficacy：Its Meaning and Measure. *Review of Educational Research*, 68 （2）, 202 – 248.

③　Ibid..

一　路径一：以罗特的控制点理论为基点

控制点（locus of control）是指"人知觉到谁或什么事应对自己生活中的事件或行为的结果负责"[①]。这一概念最初是由美国社会学理论家罗特于 1966 年提出，旨在对个体的归因差异进行说明和测量。

罗特认为，个体对自己生活中发生的事情及其结果的原因有着不同的解释，大体可以分为两种人：一种人认为自己生活中多数事情的结果取决于自己在做这些事情时的努力程度，所以这种人相信自己能够对事情的发展与结果进行控制，此类人的控制点在个体的内部，称为内控者；另外一种人则认为自己生活中多数事情的结果是由自己不能控制的各种外部力量作用造成的，这种人相信社会的安排、命运和机遇等因素决定了自己的状况，认为个人的努力无济于事，他们的控制点在个体的外部，称为外控者。

由于内控者与外控者理解的控制点来源不同，因而他们对待事物的态度与行为方式也不相同。对控制点的不同认知会影响个体的情绪、期望、动机和行为，从而对生活、工作、学习、健康等产生间接影响。内控者相信自己能有所作为，面对可能的失败也不怀疑未来可能会有所改善，面对困难情境能付出更大努力，加大工作投入。他们的态度与行为方式是符合社会期待的。而外控者看不到个人努力与行为结果的积极关系，面对失败与困难，往往推卸责任于外部原因，不去寻找解决问题的办法，而是企图寻求救援或是赌博式地碰运气。

教师作为社会系统中的个体，自然也会受到个人控制点的影响。教师究竟认为自己在多大程度上对于学生的学业成绩负有责任？换言之，对于教学质量的高低、学生学业成绩的好坏主要是取决于教师自身的工作努力，还是取决于自身之外的外部环境因素这一问题，教师是如何看待的？他们在教学活动中是秉持内控的信念，还是持有外控的态度？

为了回答这些问题，学者们便开发了一系列以罗特的控制点理论

---

① 邵瑞珍主编：《教育心理学》，上海教育出版社 1997 年版，第 291 页。

为基点的教学效能测量工具，比较著名的有：美国兰德公司（RAND）的兰德测量（1976），贾斯基（Guskey）的《学生成绩责任问卷》（Responsibility for Student Achievement，RSA，1981），路斯（Rose）和麦迪伟（Medway）的《教师控制点问卷》（Teacher Locus of Control，TLC，1981），吉布森和登博的《教师效能量表》（Teacher Efficacy Scale，TES，1984），班杜拉的《教师自我效能量表》（Teacher Self - efficacy Scale，B - TSES）以及莫兰和霍伊的《俄亥俄教师效能量表》（Ohio State Teacher Efficacy Scale，OSTES，2001）。

（一）　兰德测量（RAND）

一般认为，教学效能的测量始于美国兰德公司[①]的研究小组所开展的一项奠基性工作（以下简称兰德测量）。1976 年，兰德研究小组的阿莫尔等人进行了一项关于教师特质与学生学习的实证研究，这项研究对教师教学效能的测量由 2 道题构成。[②]

题目一："归根结底而言，教师本人对学生之学习的影响并不大，因为学生的学业动机和成就主要取决于他/她的家庭环境。"此题旨在测量教师的外控性，也即教师是否认为外部环境因素（而非教师因素）对学生的学业产生决定性的影响。这一题目后来被命名为教师的"一般教学效能"（general teaching efficacy，GTE）因子[③]。

题目二："如果我尽心尽力，即便是最难教的或很低动机的学生，

---

① 兰德公司（Research and Development Corporation）始创于 1948 年，起初以研究军事尖端科技和重大军事战略而著称于世，继而又扩展到内外政策各方面，逐渐发展成为一个研究政治、经济、军事、科技、社会等各个领域的综合性思想库，被誉为现代智囊的"大脑集中营"、"超级军事学院"，以及世界智囊团的开创者和代言人，目前可以说是当今美国乃至世界最负盛名的、最具权威的、民间性的综合性战略研究与决策咨询机构。兰德公司于 1950 年曾成功地预测了中国将出兵朝鲜"抗美援朝"。

② Armor, D., Conroy - Oseguera, P., Cox, M., King, N., McDonnell, L., Pascal, A., Pauly, E. and Zellman, G. (1976). *Analysis of the School Preferred Reading Program in Selected Los Angeles Minority Schools.* Report No. R - 2007 - LAUSD; ERIC Document Reproduction No. 130 243. Santa Monica, CA: Rand Corporation.

③ Ashton, P. T., Olejnik, S., Crocker, L. and McAuliffe, M. (1982). *Measurement Problems in the Study of Teachers' Sense of Efficacy.* Paper Presented at the Annual Meeting of the American Educational Research Association, New York, April.

我也能够教好他们。"此题旨在测量教师的内控性，也即教师是否认为自身因素（而非外部环境因素）对学生的学业产生决定性的影响。这一题目后来被命名为教师的"个体教学效能"（personal teaching efficacy，PTE）因子。

以上 2 道题的题目选项均采用李克特式赋值，从"极不同意"到"非常同意"5 点计分，然后对这 2 道题的得分进行累加，最终得到教师的总效能分值（teacher efficacy，TE）。兰德测量的核心要旨是要揭示出"教师在多大程度上相信教学的结果——学生的学业动机与学习——是处于教师自身的掌控之中的"[1]。研究结果显示，教师效能与学生阅读成绩的提高和教学目标的设定显著相关。此外，还与教师对教学改革之新方法的运用与保持显著相关。

兰德测量中的教学效能（TE）仅由 2 道题构成，题项太少，其测量信度受到了质疑。尽管如此，兰德测量的奠基性价值是不可磨灭的——它开始揭示出教学效能研究的意义与价值，拉开了教学效能研究的序幕，自此之后（1976 年至今），西方教育领域中便涌现出了一大批热衷于教学效能研究的学者，掀起了教学效能研究的热潮。

（二）《学生成绩责任问卷》（RSA）

1981 年，贾斯基编制了《学生成绩责任问卷》[2]。问卷由两个维度共 30 道题构成，采用百分比的形式进行打分，样题详见表 2 - 1。

在随后的实证分析中，贾斯基的研究发现：兰德测量的教学效能总分与学生学业成功责任（R +）、学生学业失败责任（R -）都存在显著正相关；每一道学生学业成功责任的题项和学生学业失败责任的题项都与《学生成绩责任问卷》的测量总分存在较高相关，相关系数在 0.72 至 0.81 之间波动；但是，分量表学生学业成功责任与分量表学生学业失败责任二者之间的相关系数很微弱（0.20），甚至干脆不相关。

后来，贾斯基于 1987 年进一步指出，学生学业成功责任与学生学业

---

① Tschannen - Moran, M. and Woolfolk Hoy, A. (2001). Teacher Efficacy: Capturing An Elusive Construct. *Teacher and Teacher Education*, 17, 783 - 805.

② Guskey, T. R. (1981). Measurement of Responsibility Teachers Assume for Academic Successes and Failures in the Classroom. *Journal of Teacher Education*, 32, 44 - 51.

失败责任是两个独立的维度，而非一个单一连续体的两极①。不幸的是，尽管贾斯基本人在兰德测量的基础上自编问卷进行了一系列的研究，但是他的测量工具并未在之后其他人的研究中得到采纳与推广。

表 2－1　　　　　　以罗特控制点理论为基础的测量工具简介

问卷类型	题目数量	计分方式	维度/分量表	样题
学生成绩责任问卷	30	百分比/10 点李克特式	二维：学生学业成功责任（R+）、学生学业失败责任（R-）	如果你班里的学生学习成绩较好，这主要是： _____% a. 由于学生的天赋很好 _____% b. 由于受到了你的鼓励 如果你班上的学生不能很好地理解你的教学内容，这主要是： _____% a. 由于你没有讲解清楚 _____% b. 由于学生们对较难概念的理解往往较为迟缓
教师控制点问卷	28	不详	二维：教师内控性、教师外控性	假如你所教的一些学生在数学考试中不及格，这主要是： a. 由于他们总是在课堂中不专心 b. 由于你没能对所教概念予以充分的举例说明 假如学校里某个学生比以前表现得更好，这主要是： a. 由于学生自身加倍努力的学习 b. 由于你努力地鼓励学生以使其表现得更好
韦博效能量表	7	7 点李克特式	二维：教师内控性、教师外控性	a. 教师不能奢望教好每一个孩子；一些学生是不可能取得学业进步的。 b. 每一个孩子都是可教的；使每一个孩子学业有成是教师义不容辞的责任。 二选一： 1. 我强烈赞同 a 2. 我强烈赞同 b a. 我适合教那些学习动机较低、表现不好的学生。 b. 我适合教那些学习动机较高、表现较好的学生。 二选一： 1. 我强烈赞同 a 2. 我强烈赞同 b

---

① Guskey，T. R.（1987）. Context Variables that Affect Measures of Teacher Efficacy. *Journal of Educational Research*，81（1），41－47.

（三）《教师控制点问卷》（TLC）

在贾斯基开发、编制问卷的同一时期，路斯和麦迪伟也编制了由28道题目构成的《教师控制点问卷》[①]，问卷由两个维度构成，样题详见表 2-1。

路斯和麦迪伟指出，《教师控制点问卷》比罗特的内外控量表更能够预测教师的行为，这主要是由于《教师控制点问卷》在内容上更贴近于教师的教学情境。例如，《教师控制点问卷》能够预测教师是否愿意运用新的教学方法，而罗特的内外控量表则不能够预测。

尽管在预测教师的教学行为方面取得了一些进步，但是《教师控制点问卷》在测量上仍然存在着较大的问题。一些研究者通过实证指出，《教师控制点问卷》的测量分值与兰德测量中的一般教学效能、个体教学效能和总体效能分值的相关关系较为微弱，相关系数仅仅为0.11 至 0.41 之间[②]。正是由于这些重大缺陷，导致"这一测量并未被广泛采纳，在随后的 20 年当中，逐渐销声匿迹"[③]。

（四）《韦博效能量表》

为了提高兰德测量的信度，阿什顿（Ashton）、欧立业尼克（Olejnik）、克罗克（Crocker）和麦克奥利费（McAuliffe）4 人对兰德测量进行了修订[④]。阿什顿等人增加了题项，并且为了减少社会称许性偏见（social desirability bias），这个量表采用了强制选择的形

---

① Rose, J. S. and Medway, F. J. (1981). Measurement of Teachers' Beliefs in Their Control Over Student Outcome. *Journal of Educational Research*, 74, 185-190.

② Coladarci, T. (1992). Teachers' Sense of Efficacy and Commitment to Teaching. *Journal of Experimental Education*, 60 (4), 323-337; Parkay, F. W., Greenwood, G., Olejnik, S. and Proller, N. (1988). A Study of the Relationship among Teacher Efficacy, Locus of Control, and Stress. *Journal of Research and Development in Education*, 21 (4), 13-22.

③ Tschannen-Moran, M. and Woolfolk Hoy, A. (2001). Teacher Efficacy: Capturing An Elusive Construct. *Teacher and Teacher Education*, 17, 783-805.

④ Ashton, P. T., Olejnik, S., Crocker, L. and McAuliffe, M. (1982). *Measurement Problems in the Study of Teachers' Sense of Efficacy*. Paper Presented at the Annual Meeting of the American Educational Research Association, New York, April.

式（forced – choice format），即要求受测教师从给出的两个对比选项中选择出一个，样题详见表 2 – 1。阿什顿等人研究发现，《韦博效能量表》得分越高的教师在教学中的消极情绪（如愤怒、不耐烦）就越少。但是，这个问卷与《学生成绩责任问卷》、《教师控制点问卷》的命运相似，阿什顿等人的测量工具也并未得到人们的广泛认可与采纳。

二　路径二：以班杜拉的社会认知理论为基点

教学效能结构与测量研究的第二条路径范式是基于班杜拉的社会认知理论及其框架中的自我效能理论。社会认知理论由美国著名社会心理学家班杜拉提出。

班杜拉起初先是提出了社会学习理论，以人、环境和行为三者之间相互作用的观点为基础，强调观察学习的重要性，但是这个理论在初期并不太注重认知因素。随着认知心理学的兴起与壮大，班杜拉后来的研究尤其注重认知因素的重要性，逐渐形成了社会认知理论。这个理论特别强调个体拥有的自我效能信念对自身行为和思想的作用，自我效能理论是班杜拉社会认知论的核心概念之一。有关社会认知论的论述，详见本书第 3 章第 1 节。

（一）《教师效能量表》（TRES）

为了改进兰德测量因测试题项过少而带来的低信度问题，吉布森和登博于 1984 年改进了测量工具，用多个题项测量教师的教学效能，编制了著名的《教师效能量表》①。这个量表既采用了兰德测量的研究架构，也观照到了班杜拉的效能构念。量表共有 30 道题项（表2 – 2），采用 6 点李克特式计分方式，选项在"1（极为同意）"至"6（极不同意）"之间进行变化。

---

① Gibson, S. and Dembo, M. （1984）. Teacher Efficacy: A Construct Validation. *Journal of Educational Psychology*, 76 （4）, 569 – 582.

表 2 - 2　　　　　以班杜拉的社会认知理论为基础的测量工具简介

问卷类型	题目数量	计分方式	维度/分量表	样题
教师效能量表	30	6点李克特式	二维：个体教学效能、一般教学效能	每当学生取得进步，这主要是由于我付出了额外的努力。 与家庭环境的影响相比，我在课堂上对学生的影响甚微。
班杜拉教师自我效能量表	30	9点李克特式	七维：决策影响效能、学校资源影响效能、教学效能、纪律效能、调动家长参与效能、调动社区参与效能、积极学校风气塑造效能	你能够在多大程度上影响学校的决策？ 你能够在多大程度上与困难生进行沟通？
俄亥俄教师效能量表	12	9点李克特式	三维：学生参与、教学策略、课堂管理	您能够在课堂上多大程度上控制学生的捣乱行为？ 您能够在多大程度上激发那些低学业兴趣之学生的积极性？

通过探索性因子分析，吉布森和登博最终得到了两个维度：一个维度为个体教学效能，另一个维度为一般教学效能。其中，个体教学效能的内部一致性系数为 0.75，一般教学效能的内部一致性系数为 0.79。吉布森和登博认为这两个维度分别与班杜拉社会认知论中的自我效能和结果预期是对应吻合的。

在吉布森和登博之后，许多学者对这两位学者编制的量表进行了验证，得到了大致相同的二因子结构。这些研究得出的一致性系数，个体教学效能在 0.75 至 0.81 之间，一般教学效能在 0.64 至 0.77 之间。此外，量表二因了的统计解释力在仅仅处于 18% 至 30% 之间，二因子间的相关度也不高，相关系数在 0.15 至 0.20 之间。

后来进一步的研究发现，这个量表也存在着一定的问题。例如，在 30 道题项中，有一些题项同时在两个维度上的因子负荷都较高，这违反了一个题项只能归属于一个因子的测量要求。有鉴于此，有些研究者，如沃尔夫科和霍伊对这个量表进行了修订，将量表的 30 道题项减少至 16 道①，即便如此，苏达克和波戴尔的研究表明，量表的题项在因子归属上存在的问题仍然没有得到很好的解决②。

尽管吉布森和登博的《教师效能量表》在 20 世纪流行甚广，但是却不能掩盖它在构念上和统计上所存在的问题。由于对两个因子在构念上的实际意义缺乏澄清，再加上因子结构在测量中所表现出来的不稳定性，使得这个量表在后来的研究中遭到了越来越多的责难。

笔者认为，这个量表最大的问题在于，它没有区分出教师效能与教学效能，而是将二者混为一谈，这无形中扩大了教学效能的内涵，导致教学效能的构念在测量中表现出较大的不稳定性。

另外，还有学者分析指出③，《教师效能量表》中的个体教学效能因子上有 11 道题项，它们全部都是以"我能……"这种正向积极的措辞进行设问，这是一种内部取向（internal orientation）的维度；而一般教学效能因子上的题项都是以"教师们不能……"这种负向消极的措辞进行设问，这是一种外部取向（external orientation）的维度。因此，《教师效能量表》中，个体教学效能和一般教学效能二者的内涵到底是什么？这引发了后继学者对教学效能到底为何物的深刻反思。

（二）班杜拉《教师自我效能量表》（B – TSES）

由于吉布森和登博的《教师效能量表》存在的问题较为突出，为了更有效地对教师的教学效能进行测量，班杜拉自行编制了一套《教师自我效能量表》。

班杜拉的《教师自我效能量表》在设问上的特点是 30 道题项都是以"你能够在多大程度上"为开头，共包括 7 个维度，分别是决策影响效能、学校资源影响效能、教学效能、纪律效能、调动家长参与

---

① Woolfolk, A. E., Rosoff, B. and Hoy, W. K. (1990). Teachers's Sense of Efficacy and Their Beliefs About Managing Students. *Teaching and Teacher Education*, 6, 137 – 148.

② Soodak, L. and Podell, D. (1993). Teacher Efficacy and Student Problem as Factors in Special Education Referral. *Journal of Special Education*, 27, 66 – 81.

③ Guskey, T. and Passaro, P. (1994). Teacher Efficacy: A Study of Construct Dimensions. *American Educational Research Journal*, 31, 627 – 643.

效能、调动社区参与效能、积极学校风气塑造效能。量表由 30 道题项构成（表 2-2），采用 9 点李克特式计分方式，选项在"1（完全不能）"至"9（能力极强）"之间进行变化。

与吉布森和登博的《教师效能量表》所犯的错误一样，班杜拉所主张的《教师自我效能量表》在构念上其内涵也显得较为宽泛，试图吸纳太多的因子作为自己的维度，最终导致这种尝试以失败而告终——这个量表的信度系数、效度值都较差。

（三）《俄亥俄教师效能量表》（OSTES）

在以往的大量研究中，有关教学效能的结构与测量上总是在个体教学效能与一般教学效能的怪圈里打转，并未取得多少实质性的进展。就这两个维度而言，目前有关个体教学效能的测量在构念上比较稳定，学界对这一维度已经基本形成了共识；而有关一般教学效能这一维度的内涵，尚存较大争议。有学者认为，一般教学效能在内涵上实际指向的是"外部影响"（external influences）或"结果预期"（outcome expectancy）[1]。

由于《教师效能量表》和《教师自我效能量表》都存在着较为突出的问题，教学效能的结构与测量亟待改进。莫兰和霍伊于 2001 年通过 3 个阶段严谨的实证研究，在教学效能的测量方面取得了突破性的进展[2]。

笔者认为，就目前测量工具的开发状况而言，莫兰和霍伊的《俄亥俄教师效能量表》在结构上相对较为严谨，构念上相对清晰明了，其测量信度与效度都较高，更重要的是，《俄亥俄教师效能量表》在内涵上较为准确地把握住了教学效能的运作场域——课堂教学这一内核，正如莫兰和霍伊所自诩的：《俄亥俄教师效能量表》"优于既有

---

① Emmer, E. T. and Hickman, J. (1991). Teacher Efficacy in Classroom Management and Discipline. *Educational and Psychological Measurement*, 51, 755-765; Riggs, I., & Enochs, L. (1990). Toward the Development of an Elementary Teacher's Science Teaching Efficacy Belief Instrument. *Science Education*, 74, 625-638.

② Tschannen-Moran, M. and Woolfolk Hoy, A. (2001). Teacher Efficacy: Capturing An Elusive Construct. *Teacher and Teacher Education*, 17, 783-805.

的教师效能测量，因为它有着统一而稳定的因子结构"①。

实践表明，《俄亥俄教师效能量表》经得起实证的检验。例如，克莱森（Klassen）等人运用《俄亥俄教师效能量表》，抽取来自加拿大、塞浦路斯、韩国、新加坡、美国的中小学教师进行了跨国比较研究，研究结果表明，《俄亥俄教师效能量表》在不同国家、不同文化中表现出了相当稳定的结构②。

但是，也正如荷兰学者布鲁沃斯和托米克于 2003 年所指出的，包括《俄亥俄教师效能量表》在内的已有研究工具的检验在统计方法上几乎全部采用的是主成分分析法（principal components analysis），而主成分分析法主要是一种探索性的分析技术，如果要使教学效能维度的普适性得到承认，则应当对这些研究中的维度划分进行验证性因子分析③。

据此，布鲁沃斯和托米克随机抽取荷兰的 540 名中学教师（男教师 321 名、女教师 219 名），将样本随机一分为二，一半作为校准样本（calibration sample），另一半作为效度样本（validation sample），对其进行了结构方程模型验证性因子分析的比较。分析结果表明，在教学效能的几种维度划分中，四因子结构之斜交模型（oblique model）的拟合指数相对最佳，但不幸的是，即使是拟合指数相对最佳的四因子模型，其拟合指数也并未充分地达到规定的统计标准，因此对教学效能精确而有效的测量还要走很长的路，真可谓，"路漫漫其修远兮"。

通过对教学效能的测量史回顾分析，可以发现，尽管时至今日，在教学效能的测量问题上已经走过了 30 多年的历程，但是有关这一问题的争论还远未到平息的时候。在教学效能的测量方面，目前的分

---

① Tschannen - Moran, M. and Woolfolk Hoy, A. (2001). Teacher Efficacy: Capturing An Elusive Construct. *Teacher and Teacher Education*, 17, 783 - 805.

② Klassen, R. M., Bong, M., Usher, E. L., Chong, W. H., Huan, V. S., Wong, I. Y. F. and Georgiou, T. (2009). Exploring the Validity of A Teachers' Self - efficacy Scale in five Countries. *Contemporary Educational Psychology*, 34, 67 - 76.

③ Brouwers, A. and Tomic, W. (2003). A Test of the Factorial Validity of the Teacher Efficacy Scale. *Research in Education*, 69, 67 - 79.

歧依然比较大，测量工具也是五花八门，因此在后续的研究中，需要进一步验证这些已有研究工具的质量与适切性，或者是再重新开发新的测量工具。

第五节　中国教学效能的研究进展

在较为细致地对西方教学效能的研究状况进行回顾之后可以发现，西方的教学效能起步较早，研究成果相对丰富，这对中国的教学效能研究颇具启发与借鉴意义。

与西方相比，中国的教学效能研究起步相对较晚。从图 2-3 可以看出，中国教学效能的研究在 20 世纪 90 年代中期左右起步，在起步后至 21 世纪初的 2005 年之前，其研究关注度一直处于相对平缓的上升期，并且其间略有起伏；在 2005 年之后，有关教学效能的研究关注度陡然上升。从目前的学术趋势来看，人们已经逐渐意识到了教学效能研究的重要性，越来越多的学者开始关注教学效能并投身于教学效能的有关研究当中。

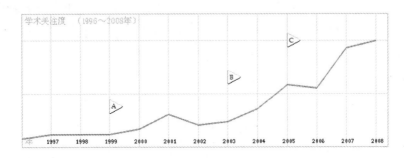

图 2-3　中国教学效能研究的学术趋势

中国关于教学效能的研究始于 2 篇标志性的论文：其一，辛涛、申继亮和林崇德 3 位学者的《教师个人教学效能感量表试用常模修订》；其二，俞国良、辛涛、申继亮 3 位学者的《教师教学效能感：结构与影响因素的研究》。

1995 年，辛涛、申继亮和林崇德 3 位学者以北京市、宁波市两地的 382 名职前和在职语文教师为样本，对阿什顿 1982 年的个体教学效能量表进行了修订。① 通过探索性因子分析，最终去掉了明显不适合中国教育实际情况的 3 个题项，项目分析显示，修订后量表的每个题项的鉴别指数都在 0.3 以上，并且量表的分半信度系数为 0.88，内部一致性信度系数为 0.89。

同年，俞国良、辛涛、申继亮 3 位学者对教师教学效能的结构与影响因素进行了探讨②。研究以北京市、宁波市两地的 382 名职前和在职中学教师为样本，研究工具在参考吉布森和登博量表以及阿什顿量表的基础上自编而成。研究发现，教师的教学效能具有一定的心理结构，可以分为一般教学效能和个体教学效能两个方面；教龄因素对教学效能有显著的影响，个体教学效能随教龄的增加而表现出上升的倾向；性别、学历因素对教师教学效能不存在显著的影响。

以上 2 篇论文可以说是中国教学效能的奠基性研究，自此之后，中国有关教师教学效能的研究逐渐拉开序幕。笔者对中国 1995 年至今的教学效能研究文献进行了回顾与梳理，发现已有的研究主要集中在以下一些方面。

一　围绕教学效能与职业心理健康的研究

有相当一部分研究主要围绕教学效能与教师的职业心理健康展开，这类取向的研究着重探讨的是教学效能与职业压力、职业倦怠、职业满意度等因素之间的关系。

学者徐富明和申继亮以山东省泰安市和莱芜市两地的 300 名中小学教师作为调查对象③，采用吉布森和登博编制、沃尔夫科和霍伊修订的量表，研究发现，绝大多数职业压力应对策略都与教学效能感存在显著的相关关系；教学效能高的教师面对职业压力更可能采取较为

---

① 辛涛、申继亮、林崇德：《教师个人教学效能感量表试用常模修订》，《心理发展与教育》1995 年第 4 期，第 22—26 页。

② 俞国良、辛涛、申继亮：《教师教学效能感：结构与影响因素的研究》，《心理学报》1995 年第 2 期，第 159—166 页。

③ 徐富明、申继亮：《教师的职业压力应对策略与教学效能感的关系研究》，《心理科学》2003 年第 4 期，第 745—746 页。

积极和理智的应对策略；相反，教师的教学效能越低，则越可能在应对职业压力时采取被动应对的方式。因此，提高教师的教学效能可能有助于广大中小学教师更有效地应对自身所面临的诸多职业压力。

李永鑫、杨瑄、申继亮3人对教师的教学效能与工作倦怠之间的关系进行研究，以247名中学教师①为样本，采用俞国良等人1995年修编的教师教学效能量表，结果表明，教学效能能够显著地降低与缓解教师的工作倦怠②。刘毅、吴宇驹和邢强3人对教师压力、职业倦怠、教学效能三者间的关系进行了实证③，以743名中小学教师为样本，采用俞国良等人修编的教师教学效能量表，研究证实，教学效能对教师的职业压力、职业倦怠具有重要的调节作用。

黄喜珊和王永红对教师效能感与社会支持之间的关系进行考察④，以405名广东省茂名市的中学教师为样本，采用沃尔夫科和霍伊修订的教学效能量表，研究发现，社会支持与教师教学效能的两个维度存在不同的相关关系，增强社会支持有助于提高教师的个体教学效能，个体教学效能是社会支持影响教师心理健康的中介变量之一。

李志鸿、任旭明、林琳、时勘等4人对教学效能与教师工作压力及工作倦怠的关系进行了研究⑤，研究样本为广东省茂名市的728名中学教师，采用俞国良等人的教学效能量表，结果发现，教学效能是工作压力和工作倦怠之间的部分中介，工作压力直接和通过降低一般教学效能导致情绪衰竭，工作压力直接和通过降低一般教学效能与个体教学效能导致人格解体，工作压力通过降低个体教学效能导致成就感低落。

---

① 注：在此研究中，未对247名教师样本的来源地进行说明。

② 李永鑫、杨瑄、申继亮：《教师教学效能感和工作倦怠的关系》，《心理科学》2007年第4期，第952—954页。

③ 刘毅、吴宇驹、邢强：《教师压力影响职业倦怠：教学效能感的调节作用》，《心理发展与教育》2009年期第1期，第108—113页。

④ 黄喜珊、王永红：《教师效能感与社会支持的关系》，《中国健康心理学杂志》2005年第1期，第45—47页。

⑤ 李志鸿、任旭明、林琳、时勘：《教学效能感与教师工作压力及工作倦怠的关系》，《心理科学》2008年第1期，第218—221页。

毛晋平以长沙市 187 名中学教师为样本，采用沃尔夫科和霍伊的教学效能量表，对工作压力与教学效能的关系展开研究，结果发现，工作压力对中学教师教学效能有一定的预测作用①。李夏妍和张敏强对新课程背景下中学教师教学效能感相关因素进行研究②，以 350 名广州市中学教师为样本，采用俞国良等人的量表，研究发现，性别与年龄的交互作用、学历、任教课程、职称、月薪、自尊、职业压力等因素对教学效能有显著影响。此外，教学效能、自尊、职业压力会影响教师的工作满意度。

刘晓明对职业压力、教学效能、职业倦怠三者间的关系进行了探讨③，抽取长春市的 199 名中小学教师，采用辛涛等人的教学效能量表，结果发现，教师的教学效能越低，其情绪衰竭和人格解体的程度也将越严重；教学效能在职业压力与职业倦怠之间具有调节作用，高教学效能具有缓解职业压力的作用。

赵福菓和李媛以贵阳市 319 名中学教师为样本，对教学效能与心理健康水平的关系进行研究，结果表明，中学教师的教学效能与心理调节能力具有极显著相关④。徐富明、朱丛书、邵来成 3 人以山东省泰安市和湖北省荆州市两地的 766 名中小学教师为样本，采用俞国良等人的教学效能量表，研究发现，教师的教学效能与其工作倦怠存在显著的负相关，而且教学效能对教师的整体教师工作倦怠感及其 3 个维度都具有显著的负向预测作用。也就是说，中小学教师的教学效能越高，他们的工作倦怠感越低⑤。孟勇对中学教师应对方式、教学效

---

①　毛晋平：《中学教师工作压力与教学效能感的关系》，《中国临床心理学杂志》2005 年第 4 期，第 458—459 页。

②　李夏妍、张敏强：《新课程背景下中学教师教学效能感相关因素研究》，《教师教育研究》2008 年第 1 期，第 41—45 页。

③　刘晓明：《职业压力、教学效能感与中小学教师职业倦怠的关系》，《心理发展与教育》2004 年第 2 期，第 56—61 页。

④　赵福菓、李媛：《中学教师教学效能感与心理健康水平的相关研究》，《心理科学》2002 年第 6 期，第 738—739 页。

⑤　徐富明、朱丛书、邵来成：《中小学教师的工作倦怠与其相关因素的关系研究》，《心理科学》2005 年第 5 期，第 1240—1242 页。

能感与职业倦怠三者间的关系进行研究①，样本抽取了河南省郑州、开封、新乡三市的 724 名中学教师，采用俞国良等人的量表，研究表明，应对方式和教学效能对职业倦怠有很好的预测作用。

二　围绕教学效能与课堂教学的研究

许多学者对教学效能与课堂教学之间的关系进行了研究，这类取向的研究着重围绕教学效能与课堂教学行为、课堂教学效果、教学监控力、教学创新等因素之间的关系展开探讨。

辛涛、林崇德、申继亮 3 人对教学效能与教学监控能力之间的关系展开研究②，以北京市、浙江省瑞安市的 436 名小学数学、语文教师为样本，在教学效能的测度上采用 1995 年修订的阿什顿中文量表，结果证明，教师的教学效能和努力知觉对其教学监控能力有直接的影响，其他教师观念因素主要是通过它们影响其教学监控能力的。

俞国良和罗晓路对教师教学效能及其相关因素进行研究③，他们强调指出，教学效能是影响教师素质的重要方面。教学效能与教学监控能力、教学策略和教学行为等因素密切相关。

屈卫国以 80 名中学教师为样本，对教学效能与教学效果之间的关系进行研究，结果表明，良好的教学效能可以提高教师对教学的信心，增强事业心，并且能够使教师从工作中得到乐趣；而低水平的教学效能会使教师厌倦自己的工作，对自己的教学工作缺乏信心，还会直接影响教学效果④。

王振宏、王克静、游旭群、党怀兴 4 位学者采用自编问卷，问卷包括一般教学效能、个体教学效能两个维度，以 322 名中学教师为样

① 孟勇：《中学教师应对方式、教学效能感与职业倦怠关系研究》，《心理科学》2008 年第 3 期，第 738—740 页。

② 辛涛、林崇德、申继亮：《教师教学监控能力与其教育观念的关系研究》，《心理发展与教育》1997 年第 2 期，第 36—40 页。

③ 俞国良、罗晓路：《教师教学效能感及其相关因素研究》，《北京师范大学学报》（人文社会科学版）2000 年第 1 期，第 72—79 页。

④ 屈卫国：《教师教学效能感与教学效果的关系》，《教育科学》1999 年第 4 期，第 42—44 页。

本，对教师效能、工作动机、心境对教学创新的影响进行了实证，结果发现，积极心境、内部工作动机、个体教学效能是影响教学创新的关键变量，积极心境、内部工作动机通过影响个体教学效能而间接影响教学创新，个体教学效能直接影响教学创新①。

　　李晔和刘华山对教学效能与教学行为之间的关系进行了研究②，以 578 名湖北省城市中小学教师为样本，采用沃尔夫科和霍伊修订的吉布森和登博量表，结果发现，具有不同水平教学效能的教师在课堂时间的安排、课堂提问的认知水平、提问对象、对学生的反馈方式等方面均存在差异；在教学行为上，效能较高的教师把课堂时间更多地用于教学活动，而效能较低的教师从事非教学活动的时间相对较多，特别是用于组织课堂、维持课堂纪律的时间较多；另外，相比较而言，效能较低的教师的提问有时流于形式，虽然以问题的形式出现，但是并不能达到让学生开动脑筋的目的。

　　张学民、申继亮、林崇德 3 位学者综合采用实验与心理测量，对小学教师课堂教学能力的构成进行研究，结果证实，知识结构、教学效能、教学监控力在小学教师课堂教学效能中起着重要作用③。

三　对教学效能影响因素的研究

　　有部分研究对教学效能的影响因素进行了探讨，这类取向的研究着重关注的是教师的教学效能如何生成、如何塑造、如何培养等问题。

　　贺雯以上海市 142 名中学教师为样本的实证研究表明，教师在进入成熟阶段以后，随着在教学经验、教学风格等方面的不断完善，他

---

① 王振宏、王克静、游旭群、党怀兴：《教师效能、工作动机与心境对教学创新的影响》，《心理科学》2010 年第 5 期，第 1254—1257 页。

② 李晔、刘华山：《教师效能感及其对教学行为的影响》，《教育研究实验》2000 年第 1 期，第 50—55 页。

③ 张学民、申继亮、林崇德：《小学教师课堂教学能力构成的研究》，《心理发展与教育》2003 年第 3 期，第 68—72 页。

们的教学效能也会得到极大的提高。①

盛建森研究指出，教学效能是教师成长的一个重要方面，教学效能的形成和发展受教师教育、学校管理和教师个人3个方面的影响②。只有通过协调教师教育机构、学校管理者、教师个人3个方面的力量，才能促进教师的教学效能，进而促进教师的成长。

龙君伟和曹科岩对组织公民行为对教学效能的影响进行研究③，以广州市的221名初中教师为样本，采用霍伊的《俄亥俄教师效能量表》，研究发现，教师组织公民行为各维度与教师教学效能各维度之间存在显著正相关，教师组织公民行为中的认同组织与良心行为因子是教师教学效能的有效预测变量。值得注意的是，这是笔者在检索到的主要刊物中唯一以霍伊《俄亥俄教师效能量表》作为测量工具的研究者，在这项研究中，霍伊《俄亥俄教师效能量表》的整体信度系数为0.94。

李荟、李茵、申继亮以北京市、浙江省瑞安市的393名小学语文、数学教师为研究对象，采用辛涛等人于1995年修编的教学效能量表，结果发现，小学教师的教学效能有着不同于中学教师的特点④。

赵景欣、张娜、耿文侠、申继亮4人抽取河北省的155名小学教师，采用俞国良等人的教学效能量表，研究发现，在学生考试失败后，高教学效能的教师对于高努力的学生和学习困难学生的生气程度较低，给予学生更多的奖励，预期学习困难学生在将来更容易失败；低教学效能的教师对于高努力的学生和学习困难学生的生气程度较低，给予学生更多的惩罚，预期学习困难学生在将来更容易失败⑤。

---

① 贺雯：《教师教学风格的调查研究》，《心理科学》2005年第1期，第214—216页。

② 盛建森：《教师教学效能感研究对教师成长的启示》，《教育探索》2005年第1期，第116—117页。

③ 龙君伟、曹科岩：《教师组织公民行为与教学效能感的关系研究》，《心理科学》2006年第4期，第874—877页。

④ 李荟、李茵、申继亮：《小学教师教学效能感特点研究》，《心理发展与教育》1998年第1期，第33—37页。

⑤ 赵景欣、张娜、耿文侠、申继亮：《小学教师教学效能感与其归因反应模式的关系》，《教育学报》2005年第4期，第71—77页。

　　李锐等人以少数民族教师为样本展开研究，样本共计919个，取自于云南省红河哈尼族彝族自治州13个县的中学教师，少数民族主要包括哈尼族、彝族、傣族、壮族等[①]。研究表明，西南边疆中学教师的教学效能处于中间水平，随着教师教龄的增加，总体教学效能、个体教学效能、一般教学效能均呈小波浪式的上升，在效能总体水平上，城区教师高于山区教师。

　　李子江和段享贤以西藏地区241名高中教师为样本，采用俞国良等人的量表，对西藏自治区拉萨市高中教师教学效能的特点进行了调查研究[②]。结果表明，西藏地区中学教师与内地及其他边疆地区中学教师的教学效能既有差异性又有共同性。

　　黄喜珊以广东省茂名市405名中学教师为样本，对翻译成中文的教师效能量表的信、效度给予研究，结果认为，沃尔夫科和霍伊1990年修订的量表可以在中国推广使用[③]。笔者认为，这项研究未使用结构方程模型中的验证性因子分析技术来研究量表的结构效度，因而得到的结论值得商榷。

　　赵福菓和黄希庭对中学教师教学效能感的特点及其与自我概念的相关进行研究[④]，以319名贵阳市中学教师为样本，研究发现，中学教师的个体教学效能高于总体教学效能和一般教学效能；教师教学效能的性别、学校类型差异不显著；10年教龄可能是教学效能的重要时期；中学教师教学效能与教师的自我概念之间有极显著的相关。学者丁刚在其研究中指出，教师在学科教学中的教学效能关注、在教学过程中的自我反思、教师之间专业团队合作是教师专业发展的三个重要途径[⑤]。

---

　　① 李锐、胡发稳、杜润萍、蒋礼：《西南边疆少数民族地区中学教师教学效能感特点的研究》，《民族教育研究》2004年第3期，第72—76页。

　　② 李子江、段享贤：《西藏地区中学教师教学效能感特点的调查研究——以拉萨市中学为例》，《教育研究与实验》2009年第1期，第51—55页。

　　③ 黄喜珊：《中文"教师效能感量表"的信、效度研究》，《心理发展与教育》2005年第1期，第115—118页。

　　④ 赵福菓、黄希庭：《中学教师教学效能感的特点及其与自我概念的相关研究》，《心理科学》2002年第4期，第472—473页。

　　⑤ 丁刚：《日常教学生活中的教师专业成长》，《教育科学》2006年第6期，第52—55页。

第六节　小结

通过对教学效能已有研究的回顾可以发现，西方的教学效能研究起步较早，成果相对丰富，但目前主要的问题在于教学效能的测量，尚没有一种统一的、共识性的测量工具。相比而言，中国的教学效能研究起步较晚，比西方晚了 20 年左右，这也导致中国的教学效能研究目前尚存的问题较多，主要表现在以下一些方面。

第一，国内的教学效能研究有相当一部分都着重探讨的是教学效能与职业压力、职业倦怠、职业满意度等因素之间的关系，忽视了教学效能对其他教师变量的研究，特别是在中国进入新课程改革的大背景下，几乎未见到任何文献对教学效能与新课程改革相关因素之间的关系进行研究，这实在是中国教学效能研究现状的一大缺憾。

第二，从测量工具上来看，自 1995 年俞国良等人以及辛涛等人分别在借鉴国外量表的基础上，各自修编了两个测量工具之后，国内的研究者在后续的研究中基本上都是"矢志不渝"地使用他们的这两个量表，相应地对国外有关教学效能测量工具的最新进展关注较少。而实际上，从对西方有关教学效能测量的最新进展来看，目前已经开发出了比之前更为合理、测量质量更高的研究工具，但可惜的是国内对这一最新进展缺乏关注。

第三，从被试样本的选取上来看，教师样本主要集中在城市以及东南沿海地区，对中国广大农村地区以及少数民族地区缺乏关注。值得注意的是，在笔者检索到的核心刊物中，目前已有两篇文献对少数民族教师的教学效能进行了一定的探讨，但是这方面的研究仍然较为匮乏，尚需进一步深入与系统化。

第四，从研究方法上来看，在教学效能与其他变量的关系分析上，中国已有的研究主要采用的是相关分析、方差分析、多元回归分析等传统的统计分析方法，相对而言，结构方程模型这种比较新的统计方法使用较少，只有部分学者在其研究中使用了这种结构方程模型技术。

　　有鉴于此，首先，在研究内容上，应当进一步拓宽教学效能后果变量的研究领域，不能将教学效能后果变量的研究范畴仅仅局限于职业压力、职业倦怠、职业满意度等方面，而应当进一步探讨教学效能的其他后果变量，特别是挖掘、揭示教学效能对于新课程改革相关变量的影响作用。

　　其次，在测量工具上，应当引进或独立开发更具高质量、更为合理、更具本土适切性的研究工具，加强测量的统一性与共识性，如此才使得不同空间、不同时间、不同民族以及城乡之间的教师教学效能具有可比性，从而有利于中国教学效能知识的整合性、系统性、累积性等。

　　再次，在被试样本的选取上，应当对中国广大农村地区、少数民族地区予以更多的关注。中国是一个农业大国，大部分人口在农村，农村教师、农村学生理应受到特别的关注，因此后续的研究应当有意识地加强农村教师、少数民族教师教学效能的研究。

　　最后，在研究方法上，应当综合、适时地运用各种研究方法，除量化研究方法外，还应当加强教学效能的质化研究。另外，如果需要继续采用量化研究，应当突破传统统计方法的局限，使用更为精确的结构方程模型进行变量之间的分析。

第三章

教学效能的理论基础与分析框架

在回顾部分已经阐明了教学效能的概念，此处笔者再次重申，教学效能是指教师对自身组织并实施一系列行动以顺利完成特定情境中某个特定教学任务之能力的信念。教学效能主要是运作于课堂教学过程之中，其他场合、时间的教学效能一概不在本研究所界定的教学效能范畴内。本研究以教学效能作为研究对象，而教学效能实际上是一种特殊的自我效能，因此在展开正式研究之前，首先需要阐明自我效能（self efficacy）的相关理论。

第一节 自我效能理论

自我效能的概念及其理论体系主要由美国社会心理学家班杜拉提出。自我效能是指个体"相信自己具有组织和执行一系列行动以达到特定成就之能力的信念"[①]。从这一定义可以看出，自我效能是个体对自身能力的一种主观感受，而并非客观能力本身。

在自我效能理论提出之前，关于人的行为的理论和研究往往把注意力集中在人们的知识获取或行为的反应类型方面，而相对忽略了支配这些知识与行为之间相互作用的过程。班杜拉指出，个体内部存在

---

① ［美］A. 班杜拉：《自我效能：控制的实施》，缪小春、李凌、井世洁、张小林译，华东师范大学出版社 2003 年版，第 3 页。

着的信念系统是一种自我调节系统，它调节着认知与行为之间的关系。在这种自我调节系统中，效能预期和结果预期都是对个体动机因素产生影响的假设。

班杜拉进一步指出，个体的效能预期与结果预期是两种不同的范畴。结果预期（outcome expectancy）是个体对自身某一特定行动可能产生之结果的一种判断。由于个体所期待的结果源于个体对自身能力的评估，而不是源于其他人在类似情况下能否完成这项活动及其结果，因此结果预期对个体动机几乎没有什么解释力。效能预期（efficacy expectation）则是个体深信自己能够成功地执行一系列行动以产生特定的结果。简言之，效能预期是指个体认为自身是否有能力胜任某事（能或不能），而结果预期则是指胜任某事后将产生何种结果（好的或坏的）。

在区分了效能预期与结果预期之后，班杜拉还特别强调，效能是个体对自身实际能力的感知，即主观感受与评价，而非真正的实际能力本身——客观能力。这种区分是十分重要的，因为人们在实际的行动中往往高估或低估自己的实际能力，而这种或高或低的判断恰恰是人们追寻目标、发动行动的依据，并且这种判断也决定着人们在追寻目标中的努力程度。通常情况下，在主观信念与实际结果之间，"［人们的］信念比因行动而产生的实际结果更能有效地预测［人们的］行为"①。据此可见，人们的结果预期在很大程度上取决于他们如何在既定情境中进行的操作和判断，因此在这一过程中，起主要作用的是人们对其自身能力的判断，即个体对有效地控制自己的工作、生活诸方面能力的知觉或信念——自我效能。

自我效能理论的精髓在于沟通了个人、行为、环境三者之间的关系，并且特别强调了个人的主观能动性（图3-1）。自我效能理论认为，个体与环境之间、自我与社会之间的关系是交互的，人既是社会环境的产物，同时也影响着塑造他的社会环境。自我效能就是个人对

① Bandura, A. (1986). *Social Foundation of Thought and Action: A Social Cognitive Theory.* Englewood Cliffs, NJ: Prentice - Hall. 129.

自己作为动因的能力信念，它控制着人们自身的思想和行动，并且通过它控制着人们所处的环境条件。因此，自我效能是自我系统中起着核心作用的动力因素。自我效能被认为是个人的知识与行为之间的重要中介因素，它运作于特定的情境，并与特定情境发生互动。自我效能信念一旦形成就会对个体的行为过程产生深刻的影响，并且具有较强的泛化作用。

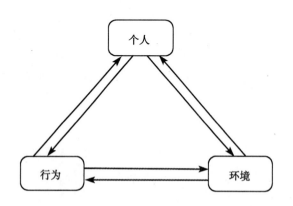

图 3 – 1　班杜拉三元交互因果关系中的三类主要决定因素之间的关系

　　个体的自我效能决定着其在成就情境中的行为动机[①]，自我效能内化到价值系统就成为自我效能信念，即有关自己能力判断的认知取向。自我效能信念有近似于认知、动机及情感的功能。无论是好的或是坏的、积极的或是消极的信念，都是影响人类行为的一种强大力量，它在激发与抑制个体的行为方面有着不可估量的价值和作用。具体来看，自我效能信念的影响作用主要体现在对个体的认知过程、动机过程、情感过程和选择过程这 4 个环节上。

　　首先，自我效能信念对个人认知过程具有调节作用。认知的主要功能之一就是使人们能够预见生活中即将出现的事件，并使人们准备好应对这些事件的方法和手段。一般而言，人们大多数的行为都受事

---

　　① ［美］A. 班杜拉：《自我效能：控制的实施》，缪小春、李凌、井世洁、张小林译，华东师范大学出版社 2003 年版，第 8 页。

先设定的目标调节，而个体目标的设定又受对自我能力评定的影响。有研究证明那些相信自己有较强解决问题能力的个体，在一些复杂的决策问题情境中能有效地进行分析思考；而那些对自我效能产生怀疑的个体，则难以有效地应对工作和生活中的问题。

班杜拉认为，自我效能信念会对个体的思维模式产生影响，能产生一种自我帮助或自我阻碍的作用。同时，自我效能也影响个体对结果预期的建构，效能强的人往往把结果预期建构为成功情境，并且将其作为行动的积极指导，而效能弱的人则倾向于建构失败的情境，从而减弱他们的行动意向。

其次，自我效能信念对个人动机过程具有调节作用。班杜拉强调自我效能信念在很大程度上决定着个体的动机水平，它反映在行动的努力程度和面对困难时行动坚持时间的长短上。个体对自我的能力信任感越强，行动努力和坚持的程度就越强，就越能面对挑战，获得行为操作的成功；而那些对自我能力感到怀疑的个体，面对困难往往备感焦虑，进而减弱努力的程度，放弃行动的追求，降低自己的标准，规避风险，倾向于以一种容易的、保守的方式解决问题。

再次，自我效能信念对个人情感过程具有调节作用。班杜拉指出，自我效能信念影响个体在威胁性或困难性情境中的压力承受度以及情绪体验，这种情绪体验又通过改变个体的思维模式进而对个体的行为产生直接和间接的影响。

自我效能是焦虑水平的有效调节器，不同情绪唤醒的生理反应水平研究显示：个体在其效能范围以内进行任务操作时表现出来的焦虑和压力水平都较低；而对自我效能感到怀疑的个体，其压力和焦虑水平都较高。另外，焦虑的唤醒还与控制个体内部状态的效能有关。思维控制的效能是认知调节的关键因素，个体焦虑和苦恼的主要源泉是面对困难时的无力或无能感，而不是不利条件或困难的任务活动本身。

最后，自我效能信念对个人的选择过程具有调节作用。班杜拉认为自我效能和焦虑影响个体对活动的趋避选择。个体对活动的选择受自我效能信念的影响，通过对环境的选择和改善，个体能改变他们的生活进程。以效能激发行动过程能为个体创造有利的环境，并对它们加以控制。因此，个体对自我效能的判断会影响对所处环境的选择：一方面，个体倾向于逃避自己效能以外的活动和情境。如果个体认为所处社会环境对自己的能力是一种挑战，是一种危险，不管在当时是否产生焦虑，个体将会采取自我保护性的行动，即逃避潜在的有威胁的情境和活动。另一方面，如果个体认为自身能力足以应付这些挑战和环境，那么个体就会接受挑战和社会环境的选择。

影响自我效能信念生成的因素是自我效能理论的重要组成部分。班杜拉把"人是一种信息加工系统"作为研究的前提，并且认为自我效能的形成过程实质上就是人们对效能信息进行加工的过程。在对自我效能的形成做了大量研究后，班杜拉强调，个人的自我效能信念，不论是正确的，还是错误的，都是建立在行为的动作性掌握经验（mastery experiences）、替代性经验（vicarious experiences）、言语劝说（verbal persuasion）及情绪与生理状态这 4 种信息源基础上。

第一，动作性掌握经验是个体在行为习得与操作中的亲身经历，因而对自我效能的形成影响很大，这实际上是我们常说的直接经验。成功的经验能够使人树立起个人效能的健康信念，失败——尤其是在效能尚未牢固树立之前发生的失败——则会大大削弱效能信念。通过动作性掌握经验建立个人的效能信念，并不是一件可以按部就班的事。对那些怀疑自己能力的个体而言，单纯的技能传授和成功反馈收效甚微，而技能传授伴随对个人效能的社会确认则可以使他们获益匪浅。

第二，替代性经验是人们在观察示范行为而获得的，对自我效能的形成也有巨大的作用，这有点类似于我们常说的间接经验。当人们在观看与想象那些与自己相近的人们的成功操作时，则能提高观察者的自我效能判断，并且确信自己也有能力完成类似的行为操作；而当个体看到与自己能力相仿的示范者遭受失败，就会降低观察者的自我效能信念，觉得自己也没有取得成功的希望。班杜拉认为，虽然替代性经验的影响力相比直接经验要弱一些，但是替代性经验能使人们更加努力、更加自觉地进行行为操作。

第三，言语劝说包括社会劝说和自我规劝，这也是促使自我效能形成的重要因素。言语劝说被广泛用来说服人们去相信自己的能力，从而达成行动目标。其中，社会劝说，包括说服性的建议、劝告、解释等，在其有限的范围内能引起自我效能的持续变化；自我规劝则会使人们在完成特定任务中付出更大、更持久的努力，这种努力要比他们在自我放任的情形下大得多。

班杜拉指出，缺乏经验基础的言语劝说，在形成效能判断方面的效果是脆弱的。如果言语劝说在动作性掌握经验或替代性经验的基础上进行，则会对那些坚信自己能力可以产生行动效果的人们产生较大影响，而对那些持有不切合实际信念的人们则不会产生影响，甚至会损害他们的自我效能判断。面对不良社会劝说，个性差异也使得个体的行为选择有所不同，如若个体在本质上也是自我怀疑者，面对不良社会劝说，就会放弃自己的能力寻求、回避挑战性的活动，其效能发展将受到进一步限制；反之，较强劲且积极的自我效能判断会使人们不仅不会在不良的社会劝说面前退缩，反而会更加努力，灵活变通自己的行为策略。

第四，情绪与生理状态也影响着自我效能信念的形成。班杜拉指出，成功时的积极情绪和失败时的消极情绪也经常使自我效能判断发生变化。过度焦虑的人会低估自己的能力判断，疲劳和烦恼会使人感到难以胜任任务需求；当个体处于心情紧张、浑身颤抖或高度兴奋时，努力成功的能力判断水平要比他在心平气和时低许多。

班杜拉认为上述 4 种信息源常常综合对个体自我效能的形成产生影响并因具体情境的不同而不同。目前，班杜拉的自我效能理论已经在实践中被广泛应用于各个领域。在教育领域，莫兰等人根据班杜拉的 4 种信息源，提出了关于教师教学效能的新模型（图 3 - 2）。

这个模型将影响教师教学效能的形成和发展的主要因素看作是教师对效能 4 种信息源的归因分析和解释。由于教师教学效能以具体的

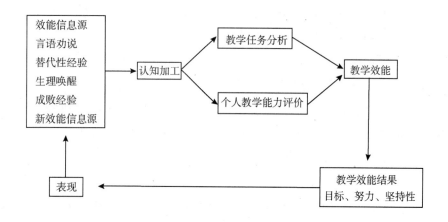

图 3 - 2　教师教学效能的循环模型①

教学背景为前提,教师为了做出效能判断, 首先就需要分析具体的教学任务和背景, 然后针对任务的要求评价自己的教学能力, 这两个环节的相互作用导致了教师对于其教学任务的效能判断, 进而影响教师的教学目标设置、教学努力及坚持性。教师由此表现出的教学行为又作为效能信念的新的信息源。②

第二节　分析框架

笔者以班杜拉的自我效能理论为基础,并且结合莫兰等人的教师教学效能循环模型, 提出了本研究的分析框架。如图 3 - 3 所示, 本研究主要在新课程改革的背景下, 在自我效能理论的基础上, 着重探讨教师的教学效能如何测量、现状怎样、对课程改革认同的影响和对教学方式的影响。

需要进一步说明的是, 自我效能理论发端于西方, 以这样的理论作为基础指导中国本土的研究是否具有适切性? 答案是肯定的。诚

---

① 石伟、连蓉:《教师效能感的理论及研究综述》,《心理科学》2001 年第 2 期, 第232—233 页。

② 同上。

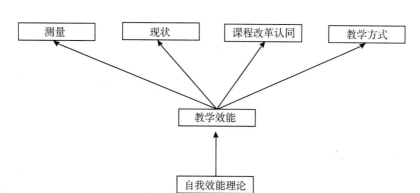

图3－3　本研究的分析框架

然，西方是个人主义的社会，个人主义取向的文化崇尚自我进取、追求个人利益；而东方则是集体主义的社会，集体主义取向的文化强调要将集体利益和共同的责任摆在高于个人利益的位置上。

　　尽管如此，班杜拉专门就此问题指出，人们是有条件地而不是不变地表现他们的文化取向，在任何社会中人们既不是完全自主也不是完全相互依赖地生活；有关跨文化的分析已经证明，效能信念对无论在个体主义文化还是集体主义文化中的个体都起作用①。

---

　　①　［美］A. 班杜拉：《自我效能：控制的实施》，缪小春、李凌、井世洁、张小林译，华东师范大学出版社 2003 年版，第 46—47 页。

第四章

教学效能的研究方法与过程

研究方法主要可以从方法论与具体的技术路线两个方面予以把握。方法论主要涉及的是上位的、基本的指导思想，亦即基本的范式选择问题；具体的技术路线主要涉及采用量化抑或质化方法，选用什么样的抽样手段，进行怎样的研究设计等。本章将分别从方法论和具体的技术路线两方面阐述教学效能的研究方法与过程。

第一节　研究范式的选择

对于研究方法的探讨，一个首要的议题是研究范式的选择问题。长期以来，在包括教育学在内的社会科学研究中，主要存在着量化范式与质化范式两大阵营。量化范式秉持价值中立的原则，认为社会现象可以被客观地加以研究，在研究方法上注重捕捉研究对象之间的数量关系与内隐特征的揭示；而质化范式则强调研究者的价值介入性，注重对研究对象的阐释与理解。这两大范式常常基于各自的方法论立场、科学世界观等，一方面为自身范式的合法性正言，另一方面双方都各自对对方的局限、缺点展开尖锐的批评。

那么，两大范式究竟"谁高谁低"、"孰优孰劣"？这是一个很难进行评价的问题。量化范式固然有其软肋，但是质化范式本身也有诸多局限。"实际上，定性范式与定量定律之间的关系是如此的普遍和紧密"①，这两种范式完全可以是互为体用、携手共进的。质化范式也好，量化范式也罢，都是不同的研究者基于一定的本体论、认识论、方法论立场，以某种视域为切入点，通过某种特定的表达方式，对某一主题进行描述、解释或理解，从而建构出各自的主题微观世界。因而，尽管量化范式与质化范式之间的争论一直在持续着，但是它们二者之间永远也无法分出胜负。

总体而言，研究范式本身并不存在好坏优劣的问题，而是看它是否适合研究者，是否匹配摆在研究者面前的研究问题。笔者认为，只要能解决实际的研究问题，其实就是两大范式的"双赢"了。对于研究范式的选择，主要应当依据研究问题的性质、特点等，此外还应当根据研究者的时间、精力、可行性等。本书在研究方法上选择了量化实证范式，主要是出于以下两点考虑。

第一，从本研究拟回答的问题来看，本研究以教师的教学效能为主题，笔者希望能够通过大面积的调查，从而获得当前西北地区农村教师教学效能的现状，以及把握教学效能与课程改革中其他一些变量相互间的作用机制，因而本研究较适宜采用量化实证范式。

第二，质化范式追求的是"小作坊式"的"手工业"与精工细作，它要求研究者必须长期浸入在研究场域之中，这就比较耗时耗力，由于笔者的时间和精力有限，加上并无充足的研究经费支持笔者长期浸入在研究场域中，因而笔者最终选择了量化实证范式。

尽管量化实证范式的运用尚存诸多争议与局限性，但是与质化范式一样，"两者对研究结果必须逼近人们现实生活世界的诉求却是一样的"②。笔者通过慎重地选择量化实证范式，力求以相对严谨的方法、规范的程序，希冀在教学效能这一研究问题上能够真正有所洞见。

---

① ［美］托马斯·库恩：《科学革命的结构》，金吾伦、胡新和译，北京大学出版社2003年版，第26页。

② 杨中芳：《从主流心理学研究程序来看本土化的途径》，第五届华人的心理与行为科际研讨会，中国台北，2000年。

第二节　研究问题与方法的回应

如前所述，本研究主要采用量化实证范式，在具体的方法与技术路线上，采用问卷调查的方法收集信息。对于资料的分析，将综合运用 SPSS15.0、EXCEL、LISREL8.7 等统计软件进行数据分析及处理，主要使用独立样本 t 检验、单因素方差分析以及结构方程模型中的验证性因子分析、全模型分析等统计方法。

一　教学效能的测量问题

教学效能的测量问题是一个十分重要的基础性问题。当前，中国用于教学效能实证研究的测量工具主要是借鉴国外的量表，那么这些国外的量表在本土实际的应用中适切性如何？测量质量怎样？信度与效度是否理想？对于这些问题的回答，笔者主要综合采用信度分析以及结构方程模型中的验证性因子分析等，对目前已有的两个相对成熟的量表进行对比研究，最终确定并修订出一个在本土更具适切性的教学效能测量表。

二　教学效能的现状如何

改善的前提是认识，对现状较为客观、全面、系统、准确的认识是改善和提高的前提。本研究采用问卷调查法收集信息，然后通过描述统计、独立样本 t 检验等统计方法探明西北地区农村中小学教师教学效能的现状。

三　个人背景特征是否能够影响教师的教学效能

这一问题也是本研究的重点之一。只有对那些影响教师教学效能的重要背景变量及其之间的相互关系进行探究，才有可能以此作为参考提出有针对性的建议。对此问题的回答，主要采用量化分析方法。首先运用 SPSS 软件，进行单因素方差分析、多元统计等，以初步确定影响教师教学效能的主要背景变量及其之间的相互关系。然后，进一步运用多元回归方程，对各显著的背景变量进行回归分析，以确定出各主要背景变量的效应系数。

四　教学效能对哪些因素产生作用效应

当前，中国启动实施新课程改革已经 10 年有余，因此在这一特殊的本土背景下，本研究将着重探讨西北地区农村教师的教学效能对其课程改革认同的作用效应，以及教学效能对转变教师教学方式的独特作用。对于这一问题的验证，将主要采用结构方程模型中的全模型分析。

第三节　研究设计与实施

为了对上述问题展开详细分析，本研究采用了多阶段取样调研的研究设计（图 4 - 1）。具体来讲，主要分为以下几个阶段。

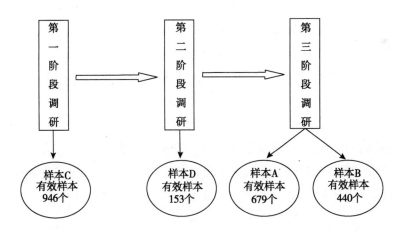

图 4 - 1　三阶段的研究设计及取样情况

一　第一阶段

笔者于 2010 年 7 月开展了第一阶段的调研。这一阶段研究的主要任务在于对翻译后的研究工具进行试测，并且针对试测结果对研究工具的质量进行评估分析。本阶段研究的被调查者均为参加西北师范大学 2010 年暑期培训的上千名在职教师，他们来自甘肃省内各市、地、州、县等，具有较好的异质性。

研究采用团体施测的方式，由数名调研人员将参加培训的教师统一安排到教室中，统一讲解指导语，统一发放问卷（见附录），并要求被试教师在现场各自独立、互不干扰地进行填答，填答完成后调研人员当场回收。在问卷填答现场，每当被试教师遇到有关疑问，由调研人员当场予以解释。最终，本阶段调研共发放问卷 1241 份，回收有效问卷 946 份，有效回收率为 76.2%，回收率良好[①]。为与其他调研阶段的不同样本区别开来，本阶段所获取的样本被命名为样本 C。

二　第二阶段

本阶段为正式研究开展实施前的小范围预试研究（pilot study）。预试研究在量化研究分析中极为重要，"试题性能的优劣，不可仅凭测验编制者主观的臆测而定，必须根据经由实际的预试而获得的客观性资料，加以分析"[②]。具体而言，"预试问卷施测完后，要进行预试问卷项目分析、效度检验、信度检验"[③]，通过这一过程，可以为检测出所编问卷的问题进而修改问卷提供重要依据，从而提高用于正式调查的研究工具之质量。

预试研究于 2011 年 7 月上旬开展，样本选取了在西北师范大学参加教师培训的若干名在职教师，他们均来自甘肃省内各地的农村中小学。在预试研究中，由笔者委托西北师范大学主管教师培训的管理者统一发放问卷、统一回收（见附录）。在预试调查中，共发放问卷 240 份，回收有效问卷 153 份，有效回收率为 63.8%。为与其他调研阶段的不同样本区别开来，本阶段所获取的样本被命名为样本 D。

三　第三阶段

在经过预试研究对研究工具的进一步调整后，第三阶段的正式研

---

① ［美］艾尔·巴比：《社会研究方法》，邱泽奇译，华夏出版社 2005 年版，第 254 页。

② 杨国枢：《社会及行为科学研究法》，重庆大学出版社 2006 年版，第 361—362 页。

③ 吴明隆：《问卷统计分析实务——SPSS 操作与应用》，重庆大学出版社 2010 年版，第 158 页。

究于 2011 年 10 月中旬在西北农村地区开展。

首先，选定甘肃、青海、宁夏 3 个省（区），在甘肃省抽取 6 个县，分别是民勤县、陇西县、秦安县、碌曲县、天祝藏族自治县、积石山保安族东乡族撒拉族自治县。在青海省、宁夏回族自治区各抽取 2 个县，青海的 2 个县是湟源县、门源回族自治县；宁夏回族自治区的 2 个县是海原县、平罗县。然后，从每个县中抽取 1 所高中、1 所初中、2 所中心小学，这样在理论上应抽得 10 个县的共计 40 所学校。但是，在实际的调研实施过程中，学校的选取根据抽样县当地的实际情况略有调整①。最终，正式研究共计抽得 43 所学校，其中小学 23 所，初中 7 所，高中 4 所，完全中学 6 所，九年一贯制学校 3 所。

由于本研究的重要目的之一在于比对两种已有的教师教学效能量表，因此在本阶段的研究中，共使用了两种类型的教师问卷，即教师问卷 A（见附录）、教师问卷 B（见附录），这两种类型的教师问卷中分别嵌套了一种用于对比的教学效能量表。教师 A、B 问卷在各个样本校的发放设计详见表 4 - 1。从表 4 - 1 可以看出，在研究设计上，每种类型的教师问卷各拟发放 850 份。

表 4 - 1　　两种类型的教师问卷在各样本校的发放设计

样本县	学校类型	教师问卷 A	教师问卷 B
民勤	中心小学 1	20	
	中心小学 2		20
	初中	50	
	高中	80	
天祝	中心小学 1	20	
	中心小学 2		20
	初中	50	
	高中	80	

---

① 在实地调研过程中，有一个抽样县没有高中，有两个抽样县没有高中但是有完全中学，还有个别抽样学校拒绝接受本次调研，这些因素都使得本研究在抽样操作上进行了一些小的调整。

样本县	学校类型	教师问卷 A	教师问卷 B
陇西	中心小学 1	20	
	中心小学 2		20
	初中		50
	高中		80
秦安	中心小学 1	20	
	中心小学 2		20
	初中	50	
	高中	80	
积石山	中心小学 1	20	
	中心小学 2		20
	初中	50	
	高中	80	
碌曲	中心小学 1	20	
	中心小学 2		20
	初中		50
	高中		80
门源	中心小学 1	20	
	中心小学 2		20
	初中		50
	高中		80
湟源	中心小学 1	20	
	中心小学 2		20
	初中		50
	高中		80
海原	中心小学 1	20	
	中心小学 2		20
	初中	50	
	高中	80	

样本县	学校类型	教师问卷 A	教师问卷 B
平罗	中心小学 1	20	
	中心小学 2		20
	初中		50
	高中		80
合计		850	850

　　研究采用团体施测的方式，调研人员进入抽样学校后，对每个样本学校的所有专任教师（不包括请假外出的教师以及后勤人员、行政管理者等）发放了问卷，填答完成后调研人员当场回收。

　　在问卷填答现场，每当应答教师遇到有关疑问，由调研人员当场予以解释。本阶段实际共发放问卷 1565 份，回收后最终得到有效问卷 1119 份，有效回收率为 71.5%。在 1119 份有效问卷中，其中教师问卷 A 卷 679 份，教师问卷 B 卷 440 份。为与其他调研阶段的不同样本区别开来，本阶段以教师问卷 A 卷进行施测的样本，笔者将其命名为样本 A，以教师问卷 B 卷进行施测的样本，笔者将其命名为样本 B。

第四节　样本概况

一　抽样原则与依据

　　抽样在方法上主要可以分为随机抽样与非随机抽样两大类型。随机抽样要求严格地遵守随机性分布原则，但是有过实地调研经历的研究者都知道，由于种种原因与局限，纯粹意义上的完全随机性抽样在实际的教育调查中其实是很难做到的，有鉴于此，笔者采用了一种非随机性抽样策略，即方便抽样（convenient sampling）方法。

　　方便抽样是目前国际上在调查研究中所采用的一种较为可行的常见抽样方法。在刊发于 SSCI 教育类刊物的实证论文中，有很多研究者在取样上都采取了这一抽样策略。尽管它是一种非随机性抽样技术，但是如果能保障样本量较大，而且样本的异质性较好，这种抽样方法所得的样本仍然具有较强的代表性与说服力。

在样本县的确定方面，考虑到后期要进行民族地区与普通地区的对比分析，因此既抽取了汉族县，也抽取了少数民族县。在样本校的选取上，高中学校的抽取基本没有选择的余地，因为高中学校在每个县只有1所，甚至个别样本县没有高中学校，在这种情况下则以完全中学进行替代；至于初中学校的抽取，主要遵循普通性原则，也即只抽取普通的初中学校，不抽取那些在当地资源较好的重点学校。在小学的抽取方面，依然遵循普通性原则，主要抽取普通的中心小学，不抽取那些在当地资源较好的重点学校。

二　各阶段调研样本概况

(一) 样本 A 教师概况

从调查对象的性别来看（表4-2），男女教师在人数比例上基本平衡，其中男教师319人，占总数的47%；女教师335人，占总数的49.3%；缺失25人，占总数的3.7%。

表4-2　　　　　　　　　　A 样本教师的性别

		人数	百分比（%）
性别	男	319	47.0
	女	335	49.3
	缺失	25	3.7
	合计	679	100

从调查对象的任教学段来看（表4-3），参与调查的小学教师在人数比例上略少于中学教师，其中小学教师236人，占43.7%；中学教师304人，占总数的56.3%（其中初中教师95人，占总数的17.6%；高中教师209人，占总数的38.7%）。此外，还有九年一贯制学校教师40人，完全中学教师99人，无缺失。

表 4 – 3　　　　　　　　　A 样本教师的任教学段

		人数	百分比（%）
任教学段	小学	236	43.7
	中学	304	56.3
	缺失	0	0
	合计	540	100

A 样本教师的学历层次以本科为主（表 4 – 4），共 485 人，占总数的 71.4%。此外，学历在高中及以下的有 4 人，占 0.5%；中专学历有 12 人，占总数的 1.8%；大专学历的人数相对较多，共有 174 人，占总数的 25.6%；硕士学历有 3 人，占总数的 0.4%。

表 4 – 4　　　　　　　　　A 样本教师的学历状况

		人数	百分比（%）
有效样本	高中及以下	4	0.5
	中专	12	1.8
	大专	174	25.6
	本科	485	71.4
	硕士	3	0.4
	合计	678	99.9
缺失		1	0.1
合计		679	100

从调查对象的年龄分布来看（表 4 – 5），A 样本教师平均年龄为 34 岁，标准差为 7.50，最年轻的为 21 岁，年纪最大的为 57 岁；平均教龄为 11 年，标准差为 8.35，教龄最短的才刚刚入职几个月，教龄最长的则为 39 年。

表 4 – 5　　　　　　　　　A 样本教师的年龄与教龄状况

	最短	最长	平均	标准差
年龄	21	57	34	7.50
教龄	0.1	39	11	8.35

　　从民族状况来看（表4-6），在679名A样本教师中，汉族教师431人，占总数的63.5%；藏族教师78人，占总数的11.5%；回族教师88人，占总数的13.1%；土族教师68人，占总数的10%。此外，还有蒙古、保安、东乡、撒拉等其他少数民族教师共14人，占总数的1.9%，无缺失。

表4-6　　　　　　　　　A样本教师的民族状况

	人数	百分比（%）
汉族	431	63.5
藏族	78	11.5
回族	88	13.1
土族	68	10.0
其他	14	1.9
合计	679	100

　　此外，在本研究的抽样地区中，主要涉及藏文化区、回文化区、汉文化区3个文化区域。从文化区域来看（表4-7），汉文化区的教师233人，占总数的34.3%；藏文化区的教师90人，占总数的13.3%；回文化区的教师356人，占总数的52.4%。

表4-7　　　　　　　　A样本教师所处的文化区域分布

	人数	百分比（%）
汉文化区	233	34.3
藏文化区	90	13.3
回文化区	356	52.4
合计	679	100

　　从任教科目来看（表4-8），A样本教师的任教科目主要涉及9种，其中（母）语文215人，占总数的31.7%；数学196人，占总数的28.9%；英语104人，占总数的15.3%，这3个科目的任教教师相对最多，其他科目的任教教师人数从22人至41人不等。

表4-8　　　　　　　　　　**A样本教师的任教学科状况**

	人数	百分比（%）
（母）语文	215	31.7
数学	196	28.9
英语	104	15.3
物理	41	6.1
化学	28	4.1
生物	27	4.0
政治	22	3.2
历史	22	3.2
地理	24	3.5
合计	679	100

最后，在以下部分中还列出了被调查教师的其他一些背景变量，如职称、县城或乡村、是否班主任等。表4-9列出了被调查教师的职称状况，表4-10显示的是被调查教师的学校位置，表4-11显示的是班主任比例，在此不再一一赘述。

表4-9　　　　　　　　　　**A样本教师的职称状况**

	人数	百分比（%）
未评	93	13.7
小二	11	1.6
小一	115	16.9
小高	63	9.3
中三	6	0.9
中二	244	35.9
中一	112	16.5
中高	27	4.0
缺失	8	1.2
合计	679	100

表 4 – 10　　　　　　　　　A 样本教师的学校位置

		人 数	百分比（%）
学校位置	乡村	367	54.1
	县城	312	45.9
	缺失	0	0
	合计	679	100

表 4 – 11　　　　　　　　　A 样本教师的班主任比例

		人 数	百分比（%）
班主任	是	282	41.5
	否	358	52.7
	缺失	39	5.8
	合计	679	100

（二）样本 B 教师概况

样本 B 教师共计 440 人，从调查对象的性别来看（表 4 – 12），男教师 155 人，占总数的 35.2%；女教师 271 人，占总数的 61.6%；缺失 14 人，占总数的 3.2%。

表 4 – 12　　　　　　　　　B 样本教师的性别

		人 数	百分比（%）
性别	男	155	35.2
	女	271	61.6
	缺失	14	3.2
	合计	440	100

从调查对象的任教学段来看（表 4 – 13），小学教师 184 人，占总数的 41.8%；中学教师 101 人，占总数的 22.9%（其中初中教师 53 人，占总数的 12%；高中教师 48 人，占总数的 10.9%）。此外，还有九年一贯制学校教师 13 人，占总数的 3%；完全中学教师 142 人，占总数的 32.3%，无缺失。

表4－13　　　　　　　　　B样本教师的任教学段

		人　数	百分比（%）
任教 学段	小学	184	41.8
	中学	101	22.9
	九年一贯	13	3.0
	完全中学	142	32.3
	合计	440	100

　　B样本教师的学历层次主要以本科为主（表4－14），共285人，占总数的64.8%；学历在高中及以下的有2人，占总数的0.4%；中专学历有11人，占总数的2.5%；大专学历的人数也相对较多，共有138人，占总数的31.4%；硕士学历有3人，占总数的0.7%。

表4－14　　　　　　　　　B样本教师的学历状况

		人　数	百分比（%）
有效 样本	高中及以下	2	0.4
	中专	11	2.5
	大专	138	31.4
	本科	285	64.8
	硕士	3	0.7
	合计	439	99.8
缺失		1	0.2
合计		440	100

　　从调查对象的年龄分布来看（表4－15），B样本教师平均年龄34岁，标准差为8.22，最年轻的为20岁，年纪最大的为56岁；平均教龄为12年，标准差为8.99，教龄最短的才刚刚入职几个月，教龄最长的则为37年。

表4－15　　　　　　　　B样本教师的年龄与教龄状况

	最短	最长	平均	标准差
年龄	20	56	34	8.22
教龄	0.1	37	12	8.99

　　从民族状况来看（表 4 - 16），在 440 名 B 样本教师中，汉族教师 297 人，占总数的 67.5%；藏族教师 78 人，占总数的 17.7%；回族教师 42 人，占总数的 9.5%；土族教师 6 人，占总数的 1.4%。此外，还有蒙古、东乡等其他少数民族教师共 16 人，占总数的 3.7%；缺失 1 人，占总数的 0.2%。

表 4 - 16　　　　　　　　　　　　B 样本教师的民族状况

	人数	百分比（%）
汉族	297	67.5
藏族	78	17.7
回族	42	9.5
土族	6	1.4
其他	16	3.7
缺失	1	0.2
合计	440	100

　　从任教科目来看（表 4 - 17），B 样本教师的任教科目主要涉及 9 种，（母）语文 153 人，占总数的 34.8%；数学 110 人，占总数的 25%；英语 74 人，占总数的 16.8%，这 3 个科目的任教教师相对最多，其他科目的任教教师人数从 12 人至 21 人不等。

表 4 - 17　　　　　　　　　　　　B 样本教师的任教学科状况

	人数	百分比（%）
（母）语文	153	34.8
数学	110	25.0
英语	74	16.8
物理	21	4.8
化学	15	3.4
生物	12	2.7
政治	18	4.1
历史	20	4.5
地理	17	3.9
合计	440	100

最后，在以下部分中还列出了被调查教师的其他一些背景变量，如职称、县城或乡村、是否班主任等。表 4-18 列出了被调查教师职称状况，表 4-19、表 4-20 则反映出被调查教师的学校位置、班主任与否，在此不再一一赘述。

表 4-18　　　　　　　B 样本教师的职称状况

	人数	百分比（%）
未评	68	15.4
小二	18	4.1
小一	76	17.3
小高	41	9.2
中三	6	1.4
中二	98	22.3
中一	79	18.0
中高	47	10.7
缺失	7	1.6
合计	440	100

表 4-19　　　　　　　B 样本教师的学校位置

		人数	百分比（%）
学校位置	乡村	174	39.5
	县城	266	60.5
	缺失	0	0
	合计	440	100

表 4-20　　　　　　　B 样本教师的班主任比例

		人数	百分比（%）
班主任	是	183	41.6
	否	234	53.2
	缺失	23	5.2
	合计	440	100

（三）样本 C 教师概况

样本 C 教师共计 946 人，从调查对象的性别来看（表 4 - 21），男教师 398 人，占总数的 42.1%，女教师 450 人，占总数的 47.6%；缺失 98 人，占总数的 10.3%。

表 4 - 21　　　　　　　　C 样本教师的性别

		人 数	百分比（%）
性别	男	398	42.1
	女	450	47.6
	缺失	98	10.3
	合计	946	100

从调查对象的任教学段来看（表 4 - 22），小学教师 266 人，占总数的 28.1%；初中教师 580 人，占总数的 61.3%；高中教师 88 人，占总数的 9.3%。此外，还有其他学校类型的教师 2 人，占总数的 0.2%；缺失 10 人，占总数的 1.1%。

表 4 - 22　　　　　　　　C 样本教师的任教学段

		人 数	百分比（%）
任教学段	小学	266	28.1
	初中	580	61.3
	高中	88	9.3
	其他	2	0.2
	缺失	10	1.1
	合计	946	100

由于 C 样本教师基本上都是参加专升本培训进修的教师，因而 C 样本教师的学历基本上都为大专，共计 929 人，占总数的 98.2%；其他学历 10 人，占总数的 1%；缺失 7 人，占总数的 0.7%。

从调查对象的年龄分布来看（表 4 - 23），C 样本教师平均年龄 29 岁，标准差为 3.43，最年轻的为 22 岁，年纪最大的为 45 岁；平均教龄为 6 年，标准差为 3.48，教龄最短的才刚刚入职几个月，教龄最长的则为 25 年。

表 4 - 23　　　　　　　C 样本教师的年龄与教龄状况

	最短	最长	平均	标准差
年龄	22	45	29	3.43
教龄	0.3	25	6	3.48

从民族状况来看（表 4 - 24），在 946 名 C 样本教师中，汉族教师 897 人，占总数的 94.8%；藏族教师 21 人，占总数的 2.2%；回族教师 19 人，占总数的 2.1%。此外，还有蒙古、哈萨克、东乡等其他少数民族教师 6 人，占总数的 0.6%；缺失 3 人，占总数的 0.3%。

表 4 - 24　　　　　　　C 样本教师的民族状况

	人数	百分比（%）
汉族	897	94.8
藏族	21	2.2
回族	19	2.1
其他	6	0.6
缺失	3	0.3
合计	946	100

从任教科目来看（表 4 - 25），C 样本教师的任教科目主要涉及 9 种，（母）语文 234 人，占总数的 24.7%；数学 360 人，占总数的 38.1%；英语 39 人，占总数的 4.1%；化学 133 人，占总数的 14.1%；物理 114 人，占总数的 12.1%；政治 21 人，占总数的 2.2%；历史 17 人，占总数的 1.8%；生物 23 人，占总数的 2.4%；地理 5 人，占总数的 0.5%。

表 4 - 25　　　　　　　C 样本教师的任教学科状况

	人数	百分比（%）
（母）语文	234	24.7
数学	360	38.1
英语	39	4.1
物理	114	12.1

续表

	人数	百分比（%）
化学	133	14.1
生物	23	2.4
政治	21	2.2
历史	17	1.8
地理	5	0.5
合计	946	100

最后，在以下部分中还列出了被调查教师的其他一些背景变量，如职称、县城或乡村、是否班主任等。表4－26列出了被调查教师职称状况，表4－27、表4－28则反映出被调查教师的学校位置、班主任与否，在此不再一一赘述。

表4－26　　　　　　　　　　C 样本教师的职称状况

	人数	百分比（%）
未评	57	6.0
小二	58	6.1
小一	161	17.0
小高	13	1.4
中三	119	12.6
中二	478	50.5
中一	56	5.9
缺失	4	0.4
合计	946	100

表4－27　　　　　　　　　　C 样本教师的学校位置

		人数	百分比（%）
学校位置	乡村	702	74.2
	县城	157	16.6
	城市	71	7.5
	缺失	16	1.7
	合计	946	100

表 4 - 28　　　　　　　　　　C 样本教师的班主任比例

		人　数	百分比（%）
班主任	是	537	56.7
	否	381	40.3
	缺失	28	3.0
	合计	946	100

（四）样本 D 教师概况

在 153 份有效预试样本 D 中，男教师 93 人，占总数的 60.8%；女教师 58 人，占总数的 37.9%；缺失 2 人，占总数的 1.3%。样本以汉族教师为主，共 144 人，占总数的 94.1%。此外，还有藏族、回族、土族等部分少数民族教师，占总数的 5.9%。从学段来看，高中教师人数最多，共 68 人，占总数的 44.4%；小学教师次之，共 52 人，占总数的 34%；初中教师相对较少，共 29 人，占总数的 19%。此外，还有九年一贯制中学的教师 1 人；缺失 3 人，占总数的 2%。样本教师学历以本科学历为主，共 118 人，占总数的 77.1%；其次是大专学历，共 25 人，占总数的 16.3%；硕士及以上学历的有 7 人，占总数的 4.6%；还有 3 人的学历为中专，占总数的 2%。在任教科目方面，主要为汉语文教师 46 人，占总数的 30.1%；数学教师 50 人，占总数的 32.7%；物理教师 16 人，占总数的 10.5%；化学教师 15 人，占总数的 9.8%；生物教师 10 人，占总数的 6.5%。此外，还有一部分其他学科的教师 15 人，占总数的 9.8%；缺失 1 人，占总数的 0.7%。

第五节　数据处理与统计分析方法

一　测量工具质量的主要评估手段

在测量工具的质量评估方面，笔者主要通过进行项目分析、信度分析、结构效度分析等几个方面综合、系统地评价研究工具的质量。

（一）项目分析

项目分析的主要目的在于检验问卷（量表）中单个题项的鉴别力。在项目分析的判定指标方面，比较常用的是临界比值法（Critical Ration，CR），此法又称为极端值法，主要目的是求出单个题项的临界决断值。

在本研究中，具体的做法是：首先选取在问卷（量表）总分上得分最高的前25%的样本作为高分组，选取在问卷（量表）总分上得分最低的后25%的样本作为低分组，然后计算出高、低分组在量表各个题项上的均数，并对这些均数的差异显著性进行独立样本 t 检验，最后检视各题项是否达到显著性，显著性越强，亦即表明这个题项的鉴别力越强。

（二）信度分析

信度是指"测验或量表工具所测得结果的稳定性（stability）及一致性（consistency）"。[①] 一般情况下，通过计算科隆巴赫系数 α 作为评估量表信度高低的依据。科隆巴赫系数 α 的取值范围介于 0 到 1 之间，越接近 1 说明信度越好。

在社会科学领域的定量分析中，可以接受的最小信度系数值为何，是多数研究者最为关注的问题之一。中国台湾学者吴明隆教授在其统计分析专著中[②]转引了一些学者的观点：根据学者盖伊（Gay）的观点，任何测验或量表的信度系数如果在 0.90 以上，表示测验或量表的信度甚佳；不过，此一方面学者间的看法也未尽一致，有些学者如布莱曼（Bryman）和克莱姆（Cramer）则认为信度系数 α 在 0.80 以上，表示量表有高的信度；而有些学者则认为信度系数在 0.70 以上是可接受的最小信度值，如学者纽兰尼（Nunnally）、德·威里斯（De Vellis）等。

综合这些观点，笔者认为，0.60 乃是可以接受的最低信度底线，

---

① 吴明隆：《问卷统计分析实务——SPSS 操作与应用》，重庆大学出版社 2010 年版，第 237 页。

② 吴明隆：《SPSS 统计应用实务》，中国铁道出版社 2000 年版，第 47 页。

信度系数在 0.70 左右则为信度中等，在 0.80 左右为信度良好，在 0.90 左右为信度甚佳。另外，由于各分量表（维度）所包括的题项数较少，因而多数分量表（维度）的信度系数值通常会低于总量表的信度系数值。

（三）结构效度分析

结构效度分析的目的主要是判定问卷（量表）的整体结构是否具有合理性。"所谓结构效度系指态度量表理论的概念或特质之程度。"[1] 结构效度关心的是两个测量结果之间的关系与理论设想出的关系是否一致。某个工具所测量的结构应当符合某个概念框架，即使这个框架并非完美或还没有完全开发。

检验结构效度的一般程序包括运用理论来预测一个工具与相似的或不相似的结构之间的关系、采用因子分析（Factor Analysis）方法探索能够最好代表工具条目的结构因子。[2] 通俗地说，即对量表的结构与组合（维度与题项的构成）是否合理做出评价。结构效度的检验其实质在于运用因子分析技术。

因子分析是多元统计分析技术的一个分支，主要目的在于浓缩数据。[3] 一般来说，如果研究者事先对观测数据背后存在多少个基础变量一无所知，因子分析作为探索基础变量的维数，这种类型的应用称为探索性因子分析（Exploratory Factor Analysis，EFA），这种分析技术也是目前量表分析中较为常用的一种方法。

然而，这种探索性技术的局限性是显而易见的——它无法对研究者心中已经构想好的量表结构做出验证。因此，在更多的情况下，研究者需要根据理论或其他的先验知识可能对因子的个数或因子的结构做出假设，因子分析也可以检验这个假设，作为证实假设的工具，这种类型的应用称为验证性因子分析（Confirmatory Factor Analysis，

---

[1]　吴明隆：《SPSS 统计应用实务》，中国铁道出版社 2000 年版，第 8 页。

[2]　[美] Frederick T. L. Leong, James T. Austin：《心理学研究手册》，周晓林、訾非、黄立、穆岩译，中国轻工业出版社 2006 年版，第 73 页。

[3]　郭志刚：《社会统计分析方法——SPSS 软件应用》，中国人民大学出版社 1999 年版，第 87 页。

CFA）。显然，对于本研究中的量表分析应当采用验证性因子分析技术更为合理。运用验证性因子分析进行问卷（量表）的结构效度主要考察以下几个指标。

第一，检测各指标（题项）在相应的潜变量（因子）上的因子负荷值。因子负荷值主要反映的是题项与因子之间的关系强弱，取值范围处于 0 至 1 之间。多数情况下，因子负荷值越高越好，即越接近 1 越好，因子负荷值越高，则说明这个题项越能够有效地测得潜变量因子。

学者邱皓政借鉴国外学者的观点，建议负荷值大于 0.71 为优秀，负荷值大于 0.63 为良好，若负荷值小于 0.32 则为非常差①；吴明隆则主张因子负荷值的挑选标准最好在 0.4 以上②。本研究采用后者的标准，对凡是因子负荷低于 0.4 的题项，均考虑予以删除。

第二，检测各因子之间的相关系数。与因子负荷值的考察相类似，对于因子间相关系数的考察也分为两个步骤，首先是看因子间相关系数的显著性，其次是看因子间相关系数的取值大小。因子间相关系数的显著性也是取 t 值大于 2 为显著，但是因子间相关系数并非越大越好，因子间应当呈中等程度的相关为宜。

如果相关系数过低，则说明潜变量间的关系不强，不适于进行因子分析；如果相关系数过高，则存在着多元共线性（multicollinearity）明显的问题，区分效度不强，因子结构价值不高。邱皓政指出，如果相关系数低于 0.3 时，不适宜进行因子分析③。在本研究中，笔者对因子间相关系数不显著，以及相关系数低于 0.3 的因子将进行重新调整。

第三，评估模型拟合指数。通过对量表进行验证性因子分析，可

---

① 邱皓政：《量化研究与统计分析——SPSS 中文视窗版数据分析范例解析》，重庆大学出版社 2009 年版，第 333 页。

② 吴明隆：《问卷统计分析实务——SPSS 操作与应用》，重庆大学出版社 2010 年版，第 201 页。

③ 邱皓政：《量化研究与统计分析——SPSS 中文视窗版数据分析范例解析》，重庆大学出版社 2009 年版，第 326 页。

以得到一系列的统计数量，这些数量称为拟合优度指数（goodness of fit index），简称为拟合指数，它与模型和样本都有关，在 LISREL 中称为拟合优度统计量（goodness of fit statistics）。[①] 这些拟合优度统计量是评价模型构建（量表结构）是否科学合理的重要依据。不同学者提出了许多不同的拟合指数，哪一个拟合指数较好，这是一个比较复杂的课题。香港中文大学教授侯杰泰建议在论文中报告：卡方（Minimum Fit Function Chi – Square，χ^2）、自由度（Degrees of Freedom，DF）、近似误差均方根（Root Mean Square Error of Approximation，RMSEA）、非范拟合指数（Non – Normed Fit Index，NNFI）和相对拟合指数（Comparative Fit Index，CFI）。卡方及其自由度主要用于比较多个模型。一般认为，如果近似误差均方根在 0.08 以下（越小越好），非范拟合指数和相对拟合指数在 0.90 以上（越大越好），所拟合的模型是一个"好"模型。[②]

二　变量分析的主要统计方法

除了上述对研究工具的质量评估方面采用各种统计技术外，在本研究的分析中，还将综合采用 SPSS 统计软件中的独立样本 t 检验、单因素方差分析、多元回归方程等传统统计分析方法，以及采用当前比较前沿的结构方程模型分析技术来探讨变量间的关系与效应。

结构方程模型（Structural Equation Model，SEM）技术在国外 20 世纪 80 年代就已经成熟，但是在中国近几年才逐渐受到关注，并且逐渐流行起来。笔者在本研究中将其引入，也是希冀在方法上进行一种新的尝试。

结构方程模型主要包括测量模型和结构模型两大部分。测量模型的方程表达式如下：

$$x = \Lambda x \xi + \delta$$
$$y = \Lambda y \eta + \varepsilon$$

---

① 侯杰泰、温忠麟、成子娟：《结构方程模型及其应用》，教育科学出版社 2004 年版，第 8 页。

② 同上书，第 45 页。

在结构方程模型中，自变量被称为外源变量（exogenous variable），因变量被称为内生变量（endogenous variable），外源变量和内生变量都是潜变量（latent variable）。这些潜变量是由多个观察变量或指标来测量的。在本研究中，即是通过以各题项作为指标，最终达到对潜变量的测量目的。

此外，结构方程模型中结构模型的方程表达式如下：

$\eta = B\eta + \Gamma\xi + \zeta$

笔者之所以选用结构方程模型进行本研究，主要是因为结构方程模型在分析变量之间的共变关系时具有诸多优点[①]：它非常重视对概念的测量；在模型中允许自变量也存在误差；模型中允许存在多个因变量，并且允许因变量之间也存在相互影响关系；它符合更为科学研究的逻辑。而以上这些优点都是传统的回归方程所不具备的，因此在本研究中，笔者将主要运用结构方程模型来分析教学效能与其他变量之间的关系与效益。

但是结构方程也有其局限，处理类别变量就一直是结构方程模型的一个软肋，因此在后续的研究中，笔者在分析教师的背景变量对教学效能的影响效益时，由于背景变量属于类别变量，因此就无法采用结构方程模型进行分析，而代之以多元回归方程来解决这个问题。

总之，在本书的统计分析策略中，笔者将秉持适时性与综合性原则，所谓适时性就是不滥用、误用统计方法，而是恰当地采用合适的统计方法；所谓综合性就是不单纯依赖某一种方法，而是尽可能多角度地灵活采用各种方法，力求更为透彻地分析问题。

三　废卷的判定与剔除

对废卷（无效样本）进行剔除，防止其污染有效样本，是研究过程中数据分析之前的一个重要环节，它直接影响到研究的质量与结果。因此，笔者对那些无效样本——废卷在数据录入过程中进行了甄

[①] 王卫东：《结构方程模型原理与应用》，中国人民大学出版社2010年版，第11—16页。

别与剔除。

一般而言，对于废卷的判定并没有一套特定的标准或程序，它有赖于研究者的累积与经验，或基于研究者的需求来进行判断[①]。笔者把明显的胡乱勾选、极其潦草的填答、连续勾选多个相同选项、规律性的交替勾选选项、雷同填答、漏填题项占总题项数一半以上的问卷判定为废卷，直接予以剔除。

四 数据库的管理与缺失值的替代

本研究中的数据均录入到 SPSS15.0 中进行管理，并且综合运用 SPSS15.0 版与 LISREL8.71 版进行数据的分析处理。对于测量变量中的缺失值，亦即连续变量的缺失值，统一采用 LISREL8.71 版提供的多元计算（multiple imputation）方法中的 EM 算法（expected maximization algorithm）进行替代填补。

① 邱皓政：《量化研究与统计分析——SPSS 中文视窗版数据分析范例解析》，重庆大学出版社 2009 年版，第 42—43 页。

第五章

教学效能的测量研究

自 20 世纪 70 年代美国兰德公司首开教师教学效能的测量以来，有关教师教学效能的测量已经不知不觉地走过了 30 多年。在这些年间，涌现出了许多关于教师教学效能的测量工具。其中，最值得本研究关注的则是美国的霍氏[1]与中国香港的侯氏[2]在各自不同文化背景下开发研制的两个教学效能量表。在本章中，笔者将分别对这两位学者开发的教学效能量表进行本土适切性比较，通过一系列的统计指标评估，在二者之间甄选出一个更加适切于本土的教学效能量表，并且将其进一步用于后续的有关研究之中。

第一节 霍氏《教学效能量表》及其本土适切性

一 霍氏《教学效能量表》简介

所谓霍氏《教学效能量表》是指由莫兰和霍伊二人共同开发研制的《俄亥俄教师效能量表》。

---

① Tschannen – Moran, M. and Hoy, A. W.（2001）. Teacher Efficacy：Capturing An Elusive Construct. *Teaching and Teacher Education*, 17, 783 – 805.

② Ho, I. T. and Hau, K. T.（2004）. Australian and Chinese Teacher Efficacy：Similarities and Differences in Personal Instruction, Discipline, Guidance Efficacy and Beliefs in External Determinants. *Teaching and Teacher Education*, 20, 313 – 323.

尽管这个量表在名称的术语上使用的是"教师效能"而非"教学效能",但是从这个量表的所有题项与维度划分来看,其测量内容都是与课堂教学有关,因此这个量表在很多研究中也被称为《教学效能量表》(Teaching Efficacy Scale,TES)。笔者也认为,将这个量表翻译为《教学效能量表》更为恰当,与其测量内容更为契合。

霍氏在《教学效能量表》的开发编制上,经过了一系列严谨的程序。首先,在俄亥俄州立大学召开了研讨会,通过研讨会对教学效能的理论维度与构念等进行了详细的讨论。研讨会的成员由2名研究者与8名研究生组成,在8名研究生中,2名是教师教育专家,2名是全职博士生,还有另外4名是一线教师。所有这8名成员都具有一线教学经验,教龄最短的也有5年之久,最长的则达到了28年。从这些讨论与编制量表的人员构成上来看,人员结构非常合理,富有科学性。

这些成员通过详细的讨论,并在借鉴已有测量工具的基础上,最初总共提出了100道有关教学效能的测量题项,当然其中也有些题项在意思上较为接近或重复。进一步对这100道题项进行精心的斟酌、讨论、修改等,便生成了一个由52道题项组成的《教学效能量表》。霍伊以这52题的量表为基础,开展了3个阶段的研究。

(一)第一阶段的研究

这一阶段的研究样本共计224个,其中职前教师146名,在职教师78名。对这224个被试样本进行探索性因子分析,选取出了因子负荷值较高的31道题项,这31道题项的因子负荷都较高,介于0.62至0.78之间。

另外,还有1道题项的因子负荷值为0.595,略低于0.60的标准,但是由于这个题项的测量内容十分重要,因此也予以保留。据此,通过第一阶段的研究,霍伊把最初量表的52题精简为32题。

(二)第二阶段的研究

在第二阶段的研究中,重新抽取了217名教师作为被试样本,其中职前教师70名,在职教师147名。继续运用探索性因子分析,萃取出了3个因子维度。在3个因子中,再进一步选取因子负荷较高的题项，最终生成了由 18 道题项构成的量表。

18 题量表的 3 个因子总共可以解释变异量的 51%。3 个因子的维度具体是，学生参与（student engagement）8 题，教学策略（instructional strategies）7 题，课堂管理（classroom management）3 题，测量信度系数分别是 0.82、0.81、0.72。此外，通过统计分析，这个量表还显示出了较好的结构效度、区辨效度等。由此可见，这一阶段的研究在测量工具的发展上取得了较大进展。

（三）第三阶段的研究

尽管第二阶段的研究取得了不少突破，但 3 个分量表的信度系数还是不尽理想，于是霍伊等人又对量表进行了进一步的调整。具体的做法是，在借鉴已有成果的基础上，再通过讨论、咨询等，霍伊等人在量表中又加入了一些新的题项，从而生成了 24 题构成的量表（每个维度 8 道题）。

将这个 24 题量表用于第三阶段的研究分析。第三阶段共选取了 410 个被试样本。探索性因子分析表明，24 道题项的因子负荷都较高，介于 0.47 与 0.78 之间。此外，霍伊等人把每个维度中因子负荷值最高的前 4 道题项选出，便生成了一个更为精致的 12 道题量表（每个维度 4 道题项）。据此，霍伊的研究实际上最终生成了两套研究工具，一套是 24 题的《教学效能量表（长版，long form）》，另一套是 12 题的《教学效能量表（短版，short form）》。

长版量表的整体信度系数为 0.94，教学策略、课堂管理、学生参与 3 个分量表的信度系数分别为 0.91、0.90、0.87；短版量表的整体信度系数为 0.90，3 个分量表的信度系数分别为 0.86、0.86、0.81。根据霍伊的使用说明，二者都可以作为教学效能的测量工具。本研究由于在问卷中还嵌套了其他测量题项，为了避免题项过多、问卷过长，笔者最终选取了短版的《教学效能量表》用于本研究。

通过上述 3 个阶段的研究，以及一系列严谨、规范的程序，霍伊成功地开发出了教师教学效能的测量工具。在本部分中，笔者之所以较为详细地介绍了霍氏《教学效能量表》的研制过程，也是想特别强调本研究对量表的选择并非随意而为的，霍氏的《教学效能量表》质量较高，科学性较强，这就是本研究之所以选取这个量表进行验证的重要理由之一。

此外，从这个学术领域的整体范围来看，霍伊一直都是教学效能研究领域的重要领军人物。在近些年中，霍伊的研究成果被其他同行研究引用超过 500 次。不仅如此，这个量表在编制完成后已被广泛应用于世界多个国家的研究，包括欧美、亚洲等国都有运用这个量表进行研究的先例，特别是运用这个量表在韩国、新加坡等国家进行的跨文化研究表明①，这个量表具有较好的跨文化效度，这也为笔者使用该量表并进一步检视其在中国大陆地区特别是西北农村地区的本土适切性提供了可能。

二　霍氏《教学效能量表》② 的本土适切性评估

（一）研究一：基于 2010 年调研样本 C 的分析

1. 霍氏《教学效能量表》的中文转换

霍伊的《教学效能量表》是英文版本，因此，在实施本土测量之前，一个首要的任务就是要将其转换为中文版本。科学地讲，中文版本的转换并非直接进行翻译那么简单，必须要遵循语义性（linguistic）、功能性（functional）、文化性（cultural）对等原则。基于此，本研究通过以下两个步骤进行英—中版本的转换工作。

首先，由笔者将英文题项翻译为中文。在翻译过程中，遵循意译原则（meaning – based approach）③，为了更符合中国的思维方式与句法习惯，对句子结构、措辞等进行了一定的调整。

其次，招募了外语系的 3 名优秀硕士生，让他们将笔者翻译的中文量表再回译为英文，在回译过程中，3 名硕士生的翻译工作都是独

---

① Klassen, R. M., Bong, M., Usher, E. L., Chong, W. H., Huan, V. S., Wong, I. Y. F. and Georgiou, T. (2009). Exploring the Validity of A Teachers' Self – efficacy Scale in Five Countries. *Contemporary Educational Psychology*, 34, 67 – 76.

② 在后文中，如无特别说明，霍氏的《教学效能量表》都是指 12 题的短版量表。

③ Larson, M. L. (1998). *Meaning – based Translation: A Guide to Cross – language Equivalence.* Lanham MD: University Press of America.

立进行的。回译完成后，笔者对 3 份回译量表以及英文原版量表进行了对照，对于翻译中产生的一些出入，又与 3 名回译者进行了详细的讨论，最终才确定了中文版本的量表。通过这些措施，本研究最大限度地保障了量表翻译中的对等性。

2. 量表的质量评估

本阶段采用样本 C 进行分析，有效样本数为 946 个，测量问卷详见附录 1。在量表的质量评估方面，主要综合采用项目分析、信度分析、验证性因子分析等方法。

（1）项目分析

12 道题项的项目分析显著性检验结果详见表 5－1。表 5－1 显示出，量表中所有题项都达到极其显著的水准，这说明各题项都具备良好的鉴别力。

表 5－1   霍氏《教学效能量表》的项目分析（2010 年施测）

题项	变异值假设	F 值	显著性	t 值	自由度	显著性（双尾）
三 1	变异值相等	18.523	0.000	－19.821	481.000	0.000 * * *
	变异值不相等			－19.934	461.825	0.000 * * *
三 6	变异值相等	32.268	0.000	－24.017	481.000	0.000 * * *
	变异值不相等			－24.198	444.665	0.000 * * *
三 7	变异值相等	18.968	0.000	－26.171	481.000	0.000 * * *
	变异值不相等			－26.350	451.646	0.000 * * *
三 8	变异值相等	1.356	0.245	－26.321	481.000	0.000 * * *
	变异值不相等			－26.368	480.518	0.000 * * *
三 2	变异值相等	2.024	0.155	－18.610	481.000	0.000 * * *
	变异值不相等			－18.649	480.064	0.000 * * *
三 3	变异值相等	0.198	0.657	－20.588	481.000	0.000 * * *
	变异值不相等			－20.624	480.570	0.000 * * *

题项	变异值假设	F 值	显著性	t 值	自由度	显著性（双尾）
三 4	变异值相等	0.004	0.950	-20.618	481.000	0.000 ***
	变异值不相等			-20.633	480.906	0.000 ***
三 11	变异值相等	0.108	0.742	-20.122	481.000	0.000 ***
	变异值不相等			-20.136	480.887	0.000 ***
三 5	变异值相等	9.289	0.002	-20.640	481.000	0.000 ***
	变异值不相等			-20.602	473.558	0.000 ***
三 9	变异值相等	8.044	0.005	-25.319	481.000	0.000 ***
	变异值不相等			-25.434	470.094	0.000 ***
三 10	变异值相等	15.145	0.000	-21.772	481.000	0.000 ***
	变异值不相等			-21.895	461.892	0.000 ***
三 12	变异值相等	1.418	0.234	-23.046	481.000	0.000 ***
	变异值不相等			-23.146	471.294	0.000 ***

注：1. 题号栏中的"三 1"表示"问卷中的第三大题第 1 小题"，依此类推，后同；2. * 表示 $p < 0.05$，差异显著，* * 表示 $p < 0.01$，差异非常显著，* * * 表示 $p < 0.001$，差异极其显著。

（2）信度分析

本阶段研究的信度分析结果如表 5 - 2 所示：量表的整体信度系数 α 为 0.882，信度良好；3 个分量表课堂管理、学生参与、教学策略的信度系数分别为 0.810、0.711、0.756，信度也都较好。

表 5 - 2　霍氏《教学效能量表》信度系数一览表（2010 年施测）

	总量表	分量表 1	分量表 2	分量表 3
题目数	12	4	4	4
α 系数	0.882	0.810	0.711	0.756

注：分量表 1 为"课堂管理"，分量表 2 为"学生参与"，分量表 3 为"教学策略"。

（3）结构效度分析

①因子负荷值

图 5 - 1 显示的是本阶段对量表的验证性因子分析结果。从图 5 -
1 可以看出，量表 12 道题项的因子负荷值介于 0.58 与 0.81 之间，并
且大部分的因子负荷值都在 0.60 以上。这说明，量表的各题项设置
合理，都能够有效地测得潜变量因子。

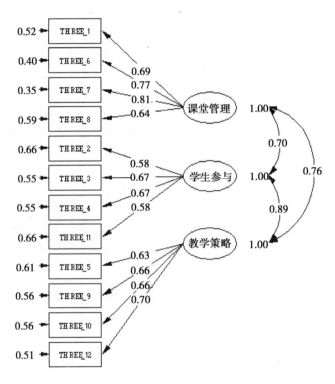

图 5 - 1 霍氏《教学效能量表》验证性因子分析（2010 年施测）

②因子相关系数

图 5 - 1 还显示出，3 个因子间的相关系数介于 0.70 与 0.89 之
间，这反映出各因子之间呈中高程度的相关。特别是学生参与与教学
策略两个因子之间的相关系数较高，达到了 0.89。

③拟合指数

从拟合指数来看（表 5 - 3），RMSEA 为 0.078，小于 0.08 的临
界值；而 NNFI 为 0.96，CFI 为 0.97，二者都较高。由此可见，3 个
拟合指数都达到了有关专家推荐的测量学标准。

表 5 - 3　　霍氏《教学效能量表》拟合指数（2010 年施测）

df	χ^2	RMSEA	NNFI	CFI
51	328.56	0.078	0.96	0.97

从本阶段的施测结果来看，霍伊的《教学效能量表》在本土的适切性良好。所有题项都具有较强的鉴别力，因子负荷也都较高，拟合指数也较为理想。

从信度系数来看，学生参与、教学策略的信度系数尽管达到了测量学的有关标准，笔者仍然对这两个维度中个别题项的措辞等又进行了一些调整，以期能进一步提高其信度。

（二）研究二：基于 2011 年预试样本 D 的分析

2011 年，笔者共先后开展了两次调研，首先是小范围的预试研究，采集了样本 D，有效样本数为 153 个，之后进行了较大范围的正式调研。本部分主要在预试样本 D 的基础上进行量表质量评估。

1. 项目分析

各题项的项目分析显著性检验结果显示出（表 5 - 4），所有题项都达到极其显著的水准，各题项都具备良好的鉴别力。

表 5 - 4　　霍氏《教学效能量表》项目分析（2011 年预试）

题项	变异值假设	F 值	显著性	t 值	自由度	显著性（双尾）
三 1	变异值相等	25.683	0.000	8.776	78.000	0.000 ***
	变异值不相等			9.055	60.573	0.000 ***
三 6	变异值相等	13.037	0.001	7.606	78.000	0.000 ***
	变异值不相等			7.881	56.221	0.000 ***
三 7	变异值相等	8.869	0.004	9.628	78.000	0.000 ***
	变异值不相等			9.934	60.591	0.000 ***

续表

题项	变异值假设	F 值	显著性	t 值	自由度	显著性（双尾）
三 8	变异值相等	9.506	0.003	11.465	78.000	0.000 * * *
	变异值不相等			11.777	65.192	0.000 * * *
三 2	变异值相等	3.961	0.050	12.502	78.000	0.000 * * *
	变异值不相等			12.641	76.899	0.000 * * *
三 3	变异值相等	0.074	0.786	10.677	78.000	0.000 * * *
	变异值不相等			10.774	77.528	0.000 * * *
三 4	变异值相等	0.692	0.408	6.787	78.000	0.000 * * *
	变异值不相等			6.839	77.806	0.000 * * *
三 11	变异值相等	1.971	0.164	9.472	78.000	0.000 * * *
	变异值不相等			9.597	76.073	0.000 * * *
三 5	变异值相等	2.836	0.096	10.286	78.000	0.000 * * *.
	变异值不相等			10.434	75.425	0.000 * * *
三 9	变异值相等	4.455	0.038	10.975	78.000	0.000 * * *
	变异值不相等			11.151	74.437	0.000 * * *
三 10	变异值相等	11.841	0.001	8.279	78.000	0.000 * * *
	变异值不相等			8.465	69.661	0.000 * * *
三 12	变异值相等	12.835	0.001	10.996	78.000	0.000 * * *
	变异值不相等			11.309	63.983	0.000 * * *

注：1. 题号栏中的"三 1"表示"问卷中的第三大题第 1 小题"，依此类推，后同；2. * 表示 $p < 0.05$，差异显著，* * 表示 $p < 0.01$，差异非常显著，* * * 表示 $p < 0.001$，差异极其显著。

2. 信度分析

信度系数如表 5 - 5 所示。从信度系数来看，总量表的 α 系数高达 0.912，信度很高。分量表 1 课堂管理的信度系数为 0.835，分量表 2 学生参与的信度系数为 0.791，分量表 3 教学策略的信度系数为 0.806。总体来看，在对量表的个别题项进行了一定的调整后，本阶段施测的信度系数比 2010 年施测时有所改善。

表 5 - 5　霍氏《教学效能量表》信度系数一览表（2011 年预试）

	总量表	分量表 1	分量表 2	分量表 3
题目数	12	4	4	4
α 系数	0.912	0.835	0.791	0.806

注：分量表 1 为"课堂管理"，分量表 2 为"学生参与"，分量表 3 为"教学策略"。

3. 结构效度分析

（1）因子负荷值

图 5 - 2 显示的是 2011 年预试施测时霍氏《教学效能量表》的验证性因子分析结果。各指标的因子负荷值（完全标准化解）介于 0.62 与 0.82 之间。

（2）因子相关系数

图 5 - 2 还显示出，各因子间的相关系数处于 0.72 至 0.84 之间，因子间呈中高程度的相关，学生参与与教学策略之间、课堂管理与教学策略之间的因子相关系数都在 0.80 以上。

（3）拟合指数

从拟合指数来看（表 5 - 6），本次施测所得的 RMSEA 为 0.12，超出了 0.08 的临界标准，不符合有关标准，而 NNFI 为 0.94，CFI 为 0.95，二者都符合有关标准。对于此处 RMSEA 不理想的问题，笔者进行了仔细的检视，认为这一问题很可能是由于预试样本规模较小所致。

有学者指出，RMSEA 在样本数量较小时，可能会出现高估的现象，使拟合度被视为不太理想[1]。此外，在 2010 年施测时，在样本较大的情况下，RMSEA 为 0.078，符合有关标准，这也支持了此处 RM-SEA 不理想很可能是样本较小所致。据此，笔者认为，量表无须再进行修改，而至于拟合问题，可留待之后的大样本调研继续进行观察其

---

[1] Bentler, P. M., Yuan, K - H. (1999). Structure Equation Modeling With Small Samples: Test Statistics. Multivariate Behavioral Research, 34, 181 - 197.

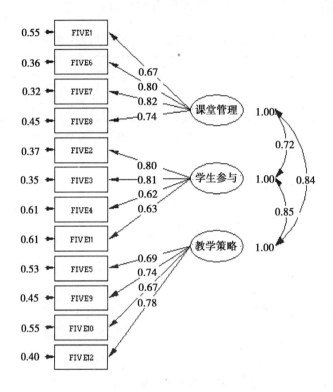

图 5 - 2　霍氏《教学效能量表》验证性因子分析（2011 年预试）

表现。

表 5 - 6　　　霍氏《教学效能量表》拟合指数（2011 年预试）

df	χ^2	RMSEA	NNFI	CFI
51	157. 02	0. 12	0. 94	0. 95

（三）研究三：基于 2011 年正式调研样本 A 的分析

本阶段采用样本 A 进行分析，有效样本数为 679 个，测量问卷详见附录 2。在量表的质量评估方面，主要综合采用项目分析、信度分析、验证性因子分析等方法。

1. 项目分析

各题项的项目分析显著性检验结果显示出表（5 - 7），所有题项都达到极其显著的水准，各题项都具备良好的鉴别力。

表5－7　霍氏《教学效能量表》项目分析（2011年正式施测）

题项	变异值假设	F值	显著性	t值	自由度	显著性（双尾）
三1	变异值相等	7.677	0.006	－10.705	345.000	0.000***
	变异值不相等			－10.723	342.396	0.000***
三6	变异值相等	1.460	0.228	－11.467	345.000	0.000***
	变异值不相等			－11.481	343.797	0.000***
三7	变异值相等	4.873	0.028	－13.320	345.000	0.000***
	变异值不相等			－13.355	336.967	0.000***
三8	变异值相等	0.467	0.495	－14.752	345.000	0.000***
	变异值不相等			－14.780	341.428	0.000***
三2	变异值相等	0.070	0.791	－12.380	345.000	0.000***
	变异值不相等			－12.387	344.959	0.000***
三3	变异值相等	0.020	0.887	－12.196	345.000	0.000***
	变异值不相等			－12.213	343.579	0.000***
三4	变异值相等	0.015	0.903	－12.355	345.000	0.000***
	变异值不相等			－12.372	343.508	0.000***
三11	变异值相等	0.838	0.361	－11.172	345.000	0.000***
	变异值不相等			－11.191	342.121	0.000***
三5	变异值相等	3.216	0.074	－11.996	345.000	0.000***
	变异值不相等			－12.000	344.990	0.000***
三9	变异值相等	0.250	0.618	－11.670	345.000	0.000***
	变异值不相等			－11.665	343.775	0.000***
三10	变异值相等	0.184	0.668	－11.215	345.000	0.000***
	变异值不相等			－11.229	343.912	0.000***
三12	变异值相等	2.999	0.084	－13.169	345.000	0.000***
	变异值不相等			－13.204	336.898	0.000***

注：1. 题号栏中的"三1"表示"问卷中的第三大题第1小题"，依此类推，后同；2. *表示$p < 0.05$，差异显著，**表示$p < 0.01$，差异非常显著，***表示$p < 0.001$，差异极其显著。

2. 信度分析

表 5 - 8 显示，在 2011 年正式的较大范围施测中，量表的整体信度为 0.859，整体信度良好。但是，分量表 3 教学策略的信度系数相对较低，仅为 0.648。

表 5 - 8　霍氏《教学效能量表》信度系数一览表（2011 年正式施测）

	总量表	分量表 1	分量表 2	分量表 3
题目数	12	4	4	4
α 系数	0.859	0.748	0.714	0.648

注：分量表 1 为"课堂管理"，分量表 2 为"学生参与"，分量表 3 为"教学策略"。

3. 结构效度分析

（1）因子负荷值

图 5 - 3 显示，2011 年正式施测时霍氏《教学效能量表》各指标的因子负荷值（完全标准化解）处于 0.50 至 0.73 之间，因子负荷较高。

（2）因子相关系数

图 5 - 3 还显示出，各因子间的相关系数处于 0.71 至 0.79 之间，因子间呈中高程度的相关。

（3）拟合指数

拟合指数显示出（表 5 - 9），RMSEA 为 0.092，虽然未能达到 0.08 的最佳标准，但也是基本可以接受的，因为有学者建议小于 0.10 是一个可接受的指数[①]。再从其他拟合指数来看，NNFI 为 0.93，CFI 为 0.95，都符合标准。

表 5 - 9　霍氏《教学效能量表》拟合指数（2011 年正式施测）

df	χ^2	RMSEA	NNFI	CFI
51	340.81	0.092	0.93	0.95

---

① Hu, L. and Bentler, P. M. （1999）. Cutoff Criteria For Fit Indexes in Covariance. *Structural Equation Modeling*, 6（1），1 - 55.

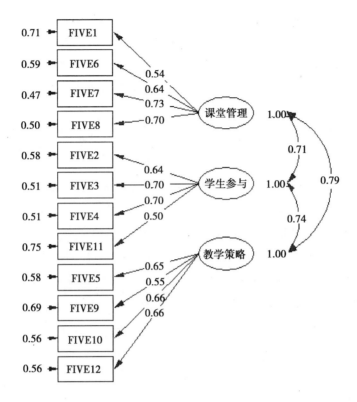

图 5 - 3　霍氏《教学效能量表》验证性因子分析（2011 年正式施测）

第二节　侯氏《教学效能量表》及其本土适切性

一　侯氏《教学效能量表》简介

所谓侯氏《教学效能量表》是指香港中文大学侯杰泰教授等人于 2004 年在其研究中所使用的教学效能测量工具[①]。之所以选取这个量表用于本研究，主要是考虑到这个量表已在中国香港地区施测，并且侯杰泰教授在量表的设计上考虑到了中国人的文化特点。

① Ho, I. T. and Hau, K. T. (2004). Australian and Chinese Teacher Efficacy: Similarities and Differences in Personal Instruction, Discipline, Guidance Efficacy and Beliefs in External Determinants. *Teaching and Teacher Education*, 20, 313 - 323.

　　侯氏教学效能量表的开发也经历了预试研究与正式研究两个阶段。在预试研究中，侯氏采用的是方便抽样，共抽取到 138 名香港中学教师作为样本，预试研究后对教学效能量表进行了修正，剔除了因子负荷小于 0.30 的题项，最终共计 15 道题项构成了正式研究的测量工具。

　　在正式研究中，依然采用方便抽样方法，共抽取到 273 名香港教师作为被试样本，教龄都在 4 年以上。在侯氏的研究中，量表共分 4 个维度因子，其内部一致性系数如下，分量表课堂教学效能的 α 系数为 0.80，纪律维持效能的 α 系数为 0.84，生活指导效能的 α 系数为 0.76，外界影响效能的 α 系数为 0.76。

　　量表的主要拟合指数如下，RMSEA 为 0.071，NNFI 为 0.964，CFI 为 0.972，几个拟合指数都非常理想。从这些测量统计指标来看，侯氏教学效能量表的质量较高，并且考虑了中国文化的特点，因此，笔者也选取了这个量表作为进一步对比甄选的测量工具。

二　侯氏《教学效能量表》的本土适切性评估

（一）研究一：基于 2010 年调研样本 C 的分析

1. 侯氏《教学效能量表》的中文转换

　　首先，需要说明的侯氏《教学效能量表》的中文转换与霍氏量表的转换方法相同。在经过中文转换之后，用于 2010 年的调研。

　　2. 量表的质量评估

　　本阶段采用样本 C 进行分析，有效样本数为 946 个。在量表的质量评估方面与霍氏量表的评估方法相同，主要综合采用项目分析、信度分析、验证性因子分析等方法。

（1）项目分析

　　各题项的项目分析显著性检验结果显示出（表 5 - 10），所有题项都达到极其显著的水准，各题项都具备良好的鉴别力。

表 5 - 10 《教学效能量表（侯氏 15 题版）》项目分析（2010 年施测）

题项	变异值假设	F 值	显著性	t 值	自由度	显著性（双尾）
四 1	变异值相等	14.897	0.000	- 14.406	504.000	0.000 * * *
	变异值不相等			- 14.268	457.021	0.000 * * *
四 2	变异值相等	3.644	0.057	- 14.501	504.000	0.000 * * *
	变异值不相等			- 14.411	477.561	0.000 * * *
四 3	变异值相等	11.365	0.001	- 17.222	504.000	0.000 * * *
	变异值不相等			- 17.119	478.919	0.000 * * *
四 4	变异值相等	0.150	0.699	- 19.258	504.000	0.000 * * *
	变异值不相等			- 19.107	468.341	0.000 * * *
四 5	变异值相等	0.085	0.771	- 20.424	504.000	0.000 * * *
	变异值不相等			- 20.286	474.460	0.000 * * *
四 6	变异值相等	15.498	0.000	- 18.028	504.000	0.000 * * *
	变异值不相等			- 17.820	443.838	0.000 * * *
四 7	变异值相等	0.052	0.820	- 20.590	504.000	0.000 * * *
	变异值不相等			- 20.357	445.432	0.000 * * *
四 8	变异值相等	0.713	0.399	- 18.782	504.000	0.000 * * *
	变异值不相等			- 18.646	471.801	0.000 * * *
四 9	变异值相等	17.158	0.000	- 22.511	504.000	0.000 * * *
	变异值不相等			- 22.290	455.746	0.000 * * *
四 10	变异值相等	6.649	0.010	- 22.983	504.000	0.000 * * *
	变异值不相等			- 22.826	474.114	0.000 * * *
四 11	变异值相等	18.279	0.000	- 23.427	504.000	0.000 * * *
	变异值不相等			- 23.272	475.295	0.000 * * *
四 12	变异值相等	17.460	0.000	- 21.265	504.000	0.000 * * *
	变异值不相等			- 21.153	482.338	0.000 * * *

续表

题项	变异值假设	F 值	显著性	t 值	自由度	显著性（双尾）
四 13	变异值相等	16.731	0.000	−8.613	504.000	0.000***
	变异值不相等			−8.661	501.983	0.000***
四 14	变异值相等	3.544	0.060	−12.400	504.000	0.000***
	变异值不相等			−12.397	500.393	0.000***
四 15	变异值相等	3.061	0.081	−8.459	504.000	0.000***
	变异值不相等			−8.485	504.000	0.000***

注：1. 题号栏中的"四1"表示"问卷中的第四大题第1小题"，依此类推，后同；2. * 表示 $p < 0.05$，差异显著，** 表示 $p < 0.01$，差异非常显著，*** 表示 $p < 0.001$，差异极其显著。

（2）信度分析

本阶段研究的信度分析结果如表 5 - 11 所示：量表的整体信度系数 α 为 0.816，信度良好；但是从 4 个分量表来看，分量表 1 的 α 系数为 0.639，分量表 2 的 α 系数为 0.790，分量表 3 的 α 系数为 0.789，分量表 4 的 α 系数为 0.672，有两个分量表的信度系数低于 0.70，较不理想。

表 5 - 11　《教学效能量表（侯氏 15 题版）》信度系数一览表（2010 年施测）

	总量表	分量表 1	分量表 2	分量表 3	分量表 4
题目数	15	3	5	4	3
α 系数	0.816	0.639	0.790	0.789	0.672

注：分量表 1 为"课堂教学"，分量表 2 为"纪律维持"，分量表 3 为"生活指导"，分量表 4 为"外界影响"。

（3）结构效度分析

①因子负荷值

图 5 - 4 显示的是本阶段对侯氏量表的验证性因子分析结果。图 5 - 4 显示，量表 15 道题项的因子负荷值介于 0.55 与 0.70 之间，各因子负荷值都较高。这说明，量表的各题项设置合理，都能够有效地测得潜变量因子。

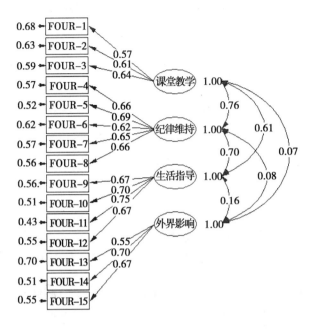

图 5 - 4　《教学效能量表（侯氏 15 题版）》验证性因子分析（2010 年施测）

②因子相关系数

图 5 - 4 还显示出，侯氏量表 4 个因子间的相关系数介于 0.07 与 0.76 之间，其中，外界影响效能与生活指导效能的因子相关系数仅为 0.16，而与纪律维持效能和课堂教学效能的因子相关系数更低，分别仅为 0.08、0.07，由此可见，外界影响效能与其他因子的相关都过低，这反映出这个量表在因子结构上不太合理，存在着较大的问题。

③拟合指数

从侯氏量表的拟合指数来看（表 5 - 12），RMSEA 为 0.066，小于 0.08 的临界值；而 NNFI 为 0.95，CFI 为 0.96，二者都较高，3 个拟合指数都达到了有关专家推荐的测量学标准。尽管如此，仅从拟合指数来看尚不充分，因子相关已经显示出，量表在结构上存在着较大的问题，有鉴于此，关于侯氏量表在本土是否适切尚难以给出定论，需要进一步采集样本进行考察。

表 5 –12　《教学效能量表（侯氏 15 题版）》拟合指数（2010 年施测）

df	χ^2	RMSEA	NNFI	CFI
84	406.35	0.066	0.95	0.96

（二）研究二：基于 2011 年调研样本 B 的分析

本阶段采用样本 B 进行分析，有效样本数为 440 个。在量表的质量评估方面与之前相同，仍然综合采用项目分析、信度分析、验证性因子分析等方法。

1. 项目分析

各题项的项目分析显著性检验结果显示出（表 5 – 13），所有题项都达到极其显著的水准，各题项都具备良好的鉴别力。

表 5 –13　《教学效能量表（侯氏 15 题版）》项目分析（2011 年施测）

题项	变异值假设	F 值	显著性	t 值	自由度	显著性（双尾）
四 1	变异值相等	0.645	0.423	-7.056	230.000	0.000 * * *
	变异值不相等			-7.067	229.383	0.000 * * *
四 2	变异值相等	0.648	0.422	-9.098	230.000	0.000 * * *
	变异值不相等			-9.118	229.702	0.000 * * *
四 3	变异值相等	0.875	0.350	-10.467	230.000	0.000 * * *
	变异值不相等			-10.467	228.264	0.000 * * *
四 4	变异值相等	0.403	0.526	-8.901	230.000	0.000 * * *
	变异值不相等			-8.947	229.777	0.000 * * *
四 5	变异值相等	0.488	0.486	-10.708	230.000	0.000 * * *
	变异值不相等			-10.813	225.487	0.000 * * *
四 6	变异值相等	2.357	0.126	-8.806	230.000	0.000 * * *
	变异值不相等			-8.896	224.891	0.000 * * *

续表

题项	变异值假设	F 值	显著性	t 值	自由度	显著性（双尾）
四 7	变异值相等	7.108	0.008	-7.587	230.000	0.000 ***
	变异值不相等			-7.688	219.218	0.000 ***
四 8	变异值相等	2.951	0.087	-7.107	230.000	0.000 ***
	变异值不相等			-7.154	228.996	0.000 ***
四 9	变异值相等	8.908	0.003	-9.012	230.000	0.000 ***
	变异值不相等			-9.155	213.001	0.000 ***
四 10	变异值相等	0.130	0.719	-7.553	230.000	0.000 ***
	变异值不相等			-7.626	225.850	0.000 ***
四 11	变异值相等	0.820	0.366	-8.741	230.000	0.000 ***
	变异值不相等			-8.802	228.692	0.000 ***
四 12	变异值相等	0.068	0.794	-8.023	230.000	0.000 ***
	变异值不相等			-8.062	229.858	0.000 ***
四 13	变异值相等	5.709	0.018	-5.857	230.000	0.000 ***
	变异值不相等			-5.841	224.941	0.000 ***
四 14	变异值相等	2.046	0.154	-6.734	230.000	0.000 ***
	变异值不相等			-6.769	229.738	0.000 ***
四 15	变异值相等	2.326	0.129	-4.379	230.000	0.000 ***
	变异值不相等			-4.359	221.936	0.000 ***

注：1. 题号栏中的"四 1"表示"问卷中的第四大题第 1 小题"，依此类推，后同；2. * 表示 $p < 0.05$，差异显著，** 表示 $p < 0.01$，差异非常显著，*** 表示 $p < 0.001$，差异极其显著。

2. 信度分析

信度分析结果如表 5 - 14 所示：量表的整体信度系数 α 为 0.818，信度良好；但是从 4 个分量表来看，分量表 1 的 α 系数为 0.641，分量表 2 的 α 系数为 0.755，分量表 3 的 α 系数为 0.789，分量表 4 的 α 系数为 0.680，分量表 1 和分量表 4 的信度系数都较低，与 2010 年样本 C 的测试结果基本一致，并无多大改善。

表 5 - 14　　《教学效能量表（侯氏 15 题版）》信度系数一览表（2011 年施测）

	总量表	分量表 1	分量表 2	分量表 3	分量表 4
题目数	15	3	5	4	3
α 系数	0.818	0.641	0.755	0.789	0.680

注：分量表 1 为"课堂教学"，分量表 2 为"纪律维持"，分量表 3 为"生活指导"，分量表 4 为"外界影响"。

3. 结构效度分析

（1）因子负荷值

图 5 - 5 显示的是本阶段对侯氏量表的验证性因子分析结果。图 5 - 5 显示，量表 15 道题项的因子负荷值介于 0. 47 与 0. 75 之间，各因子负荷值都较高。这说明，量表的各题项设置合理，都能够有效地测得潜变量因子。

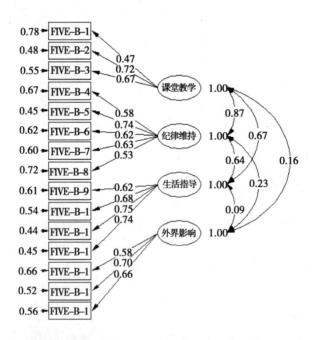

图 5 - 5　　《教学效能量表（侯氏 15 题版）》验证性因子分析（2011 年施测）

（2）因子相关系数

图 5 - 5 还显示出，侯氏量表 4 个因子间的相关系数介于 0. 09 与

0.87 之间，其中外界影响效能与生活指导效能的因子相关系数仅为 0.09，而与纪律维持效能和课堂教学效能的因子相关系数也较低，分别仅为 0.23、0.16，这种因子间相关过低的情况与样本 C 的分析结果基本一致，这个量表因子结构存在的问题在本样本中依然并未得到改善。

（3）拟合指数

从侯氏量表的拟合指数来看（表 5 - 15），RMSEA 为 0.091，超出了 0.08 的临界点；而 NNFI 为 0.89，低于 0.90，也未能达到有关标准，3 个拟合指数中仅有 CFI 达到了测量学标准。另外，本阶段样本所得的分析结果与样本 C 的拟合指数差异较大，这也说明这个量表施测质量弹性大、不稳定。

表 5 - 15　《教学效能量表（侯氏 15 题版）》拟合指数（2011 年正式施测）

df	χ^2	RMSEA	NNFI	CFI
84	419.99	0.091	0.89	0.91

（三）研究三：基于 2011 年调研样本 B 的分析，剔除外界影响效能因子

本阶段仍然采用样本 B 进行分析，有效样本数为 440 个。但与之前不同的是，笔者在之前的研究中观察到，外界影响效能因子与其他因子的相关系数一直过低，据此，笔者推测，是不是这个因子影响了量表在本土施测的整体质量，出于这种考虑，笔者将外界影响效能因子予以剔除，然后重新再进行结构效度检验，最后考察通过这种处理能否改善量表的整体质量。

首先，在本阶段的分析中，由于只是剔除了一个因子，项目分析的结果与之前应该是相同的，因此本阶段不再进行项目分析。

其次，考虑信度分析，在剔除了一个因子之后，其他因子（分量表）的信度系数应该是不变的，但是量表的整体信度系数在理论上会有所变化，因此只计算量表的整体信度系数，结果量表的整体 α 系数为 0.859，与之前两个阶段的分析结果相比，在剔除了外界影响效能因子后整体信度有所提升，这说明剔除这个因子是可取的。

最后，对剔除因子后的量表进行结构效度分析，结果如下。

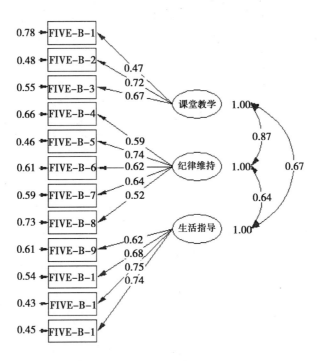

图5－6　《教学效能量表（侯氏12题版）》验证性因子分析（2011年施测）

从因子负荷来看，如图5－6所示，剔除一个因子后的量表共为12道题项，各题项的因子负荷值介于0.47与0.75之间，各因子负荷值都较高。

从因子间的相关系数来看，课堂教学效能与纪律维持效能的相关系数为0.87，与生活指导效能的因子相关系数为0.67，纪律维持效能与生活指导效能的相关系数为0.64，各因子间呈中高程度的相关。

再从这个量表的拟合指数来考察，如表5－16所示，RMSEA为0.091，超出了0.08的临界点；而NNFI为0.87，低于0.90，也未能达到有关标准，3个拟合指数中仅有CFI尚可。这些分析表明，侯氏量表在剔除一个因子之后其结构效度并未得到改善。

表5－16　《教学效能量表（侯氏12题版）》拟合指数（2011年正式施测）

df	χ^2	RMSEA	NNFI	CFI
51	259.14	0.091	0.87	0.94

第三节　小结

通过综合运用各种评估指标，包括项目分析、信度分析、验证性因子分析等方法，分别对霍氏和侯氏的教学效能量表进行了本土适切性验证。结果发现，两个量表各个题项的鉴别力都较好，但是从综合信度分析和结构效度分析来看，两个量表在质量上还是存在着诸多差异。

首先，从信度分析结果来看，霍氏教学效能量表在3个阶段的整体信度系数分别为0.882、0.912、0.859，平均整体信度为0.884，信度较高；侯氏量表在3个阶段的整体信度系数分别为0.816、0.818、0.859，平均整体信度为0.831，低于霍氏量表。

此外，霍氏教学效能量表在3个阶段的施测中，各个分量表的信度系数基本都保持在0.70以上，仅仅在样本A的分析中，分量表3的信度系数为0.648，略显不足；而侯氏量表在几个阶段的施测中，其中有两个分量表的信度系数始终低于0.70。据此，信度分析为霍氏量表的质量高于侯氏量表提供了初步的证据。

其次，再来考察两个量表各自的拟合指数。霍氏量表在3个阶段的测试分析中，NNFI和CFI每次都表现俱佳，但不足的是，RMSEA有两次测试未能达标；侯氏量表在几个阶段的测试分析中，只有一次NNFI、CFI、RMSEA都达标，但是这个结果不稳定，在随后的分析中发现，NNFI和RMSEA都达不到测量标准，这也为霍氏量表的质量高于侯氏量表提供了证据。

另外，从因子间的相关系数也可以看出，霍氏量表的因子相关呈中高度相关，而侯氏量表的因子间相关却有非常低的数值出现，这也说明侯氏量表的因子结构存在问题。总体而言，霍氏量表在本土的施测质量更高，因此在后续的研究中，笔者将选用霍氏量表进行后续的有关研究。

第六章

西北地区农村中小学教师教学
效能的基本现状研究

对事物现状特征的准确把握是人类探究与认识事物的重要途径之一。西北地区农村教师教学效能的现状究竟如何？呈现哪些规律性的特征？不同背景、不同群体的教师是否存在着显著差异？本部分将就这些问题展开详细的探讨。需要说明的是，本部分用于分析的数据来源是样本 A（679）和样本 C（946）合并后的数据库，并且减去了样本 C 中的 87 个城市教师样本，最终共计有效样本 1538 个。本部分在数据分析策略上，主要采用描述统计、t 检验、方差分析、多元回归等。

第一节　西北地区农村教师教学效能的现状分析

一　教师教学效能的总体现状

（一）教师教学效能现状及各维度特征分析

通过对 1538 名样本教师的统计分析发现，西北地区农村教师的教学效能总体现状呈现如下一些特点（图 6-1）。首先，将教学效能作为一个整体变量来看，量表中教学效能的均分取值范围在理论上应当介于 1—9 之间，而本研究中教学效能的实际测量均分为 6.19，这说明西北地区农村教师的教学效能总体上处于中等偏上的水平。其次，从教学效能的 3 个维度来看，课堂管理和教学策略两个维度的均分分别为 6.49 和 6.33，都相对较高，而学生参与的均分则与前二者相比有较大差距，仅为 5.75，这说明西北地区农村教师的课堂管理能力较强，而调动学生积极互动、参与课堂教学的能力则相对欠缺。

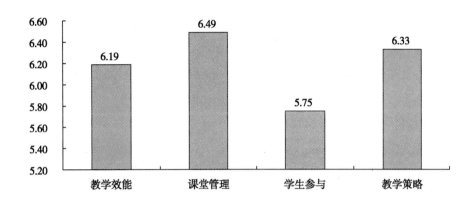

图 6 - 1　教师教学效能基本现状

（二）教师教学效能强弱的分布特点

首先，根据教学效能的强弱程度将样本教师划分为 3 组，具体的操作是，将教学效能的得分小于 3 分的教师划分为教学效能较弱组，将得分介于 3.1 与 6.9 之间的教师划分为教学效能中等组，将得分在 7 分及以上的教师划分为教学效能较强组。

表 6 - 1　　　　　　　　教师教学效能强弱的分布特点

	教学效能较弱	教学效能中等	教学效能较强
人数	3 人	1254 人	281 人
比例	0.2%	81.5%	18.3%

然后，进行统计分析，结果如表 6 - 1 所示：教学效能较弱的教师仅占 0.2%，教学效能中等的教师占 81.5%，教学效能较强的教师占 18.3%。这一结果应当予以辩证地看待：一方面，这个结果反映出大多数西北地区农村教师的教学效能状况良好，教学效能较差的教师仅仅是个别现象；另一方面，这个结果也反映出教学效能较强的教

师为数并不多，尚不足二成，这一比例是需要进一步提高的。

二　教师教学效能的教龄分布特点

教龄是教师教学经验和职业生涯发展阶段的重要指标，考察教师教学效能的教龄分布特征具有重要意义。首先，对教师的教龄与教学效能及其各维度进行相关分析，结果表明（表6－2）：教龄与教学效能以及教学效能中的课堂管理、学生参与、教学策略3个维度都呈显著正相关。初步证据表明，随着教龄的增长，教师的教学效能也会相应地提升。

表6－2　　　　　教龄与教学效能及其各维度的相关分析

	教学效能	课堂管理	学生参与	教学策略
皮尔逊相关系数	0.080 ***	0.054 *	0.055 *	0.099 ***
显著性（双尾）	0.002	0.036	0.032	0.000
样本	1527	1527	1527	1527

注：* 表示 $p < 0.05$，差异显著；* * 表示 $p < 0.01$，差异非常显著；* * * 表示 $p < 0.001$，差异极其显著；后同。

既然相关分析已经表明教龄与教学效能之间存在着显著的正相关，因而有必要进一步对教师教学效能的教龄分布特点进行分析。首先，在参考休伯曼的"教师职业周期主题模式"[①] 的基础上，将不同教龄段的教师划分为5组，具体方法是：教龄为0—3年的为第一组，3—6年的为第二组，6—15年的为第三组，15—30年的为第四组，教龄在30年以上的为第五组。对这5组教师的教学效能进行统计分析可以发现（图6－2）：教师的教学效能会随着教龄的不断增长而相应地增长；在3个维度中，学生参与、教学策略也会随着教龄的增长而呈现提升趋势，但是课堂管理的变化曲线则与其他两个维度不同；教师的课堂管理能力在入职的最初几年里将会大幅度上升（坡度较陡），在6—15年的生涯阶段将逐渐达到顶点，之后又呈现平缓的回

---

① 王蔚红：《国外教师职业生涯周期研究述评》，《集美大学学报》2008年第9卷第2期，第3—7页。

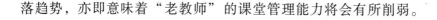

落趋势,亦即意味着"老教师"的课堂管理能力将会有所削弱。

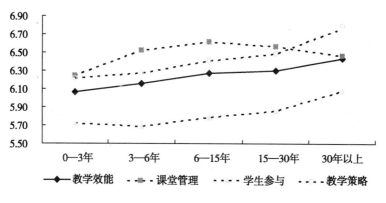

图6-2 教师教学效能随教龄增长的变化趋势

第二节 不同背景变量对教师教学效能的影响探讨

一 教师教学效能的性别差异

为了探讨不同性别的教师在教学效能上是否存在显著差异,本研究对男女教师的教学效能得分均值进行了独立样本 t 检验,结果如表6-3所示,教师的教学效能及其各维度存在显著的性别差异。

表6-3　　　教师教学效能及其3个维度的性别差异 t 检验

变量	组别	样本数	平均数	标准差	t 值	P 值
教学效能	男教师	701	6.2994	0.83428	4.884	0.000***
	女教师	723	6.0863	0.81278		
课堂管理	男教师	701	6.6660	0.98333	6.673	0.000***
	女教师	723	6.3170	0.98960		
学生参与	男教师	701	5.8327	0.96687	3.180	0.002**
	女教师	723	5.6693	0.97183		
教学策略	男教师	701	6.3996	0.94286	2.585	0.010*
	女教师	723	6.2725	0.91229		

进一步分析如图6-3所示:教师的教学效能存在显著的性别差

异，此外课堂管理、学生参与、教学策略3个维度也存在显著的性别差异；男教师的教学效能显著地高于女教师（t = 4.884，p = 0.000），在课堂管理、学生参与、教学策略3个方面的效能也都显著高于女教师，尤其是在课堂管理方面，女教师与男教师的差距较大（t = 6.673，p = 0.000）。

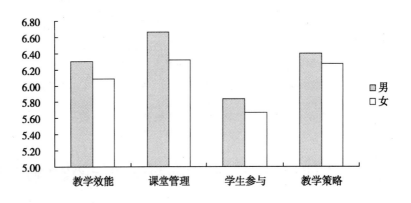

图6-3　男女教师教学效能及各维度的差异对比

二　班主任与普通教师教学效能的差异

在学校教育生活中，班主任与本班学生接触相对最为密切，是本班学生的"重要他人"（significant other）[1]。班主任负责一个班级全体学生的思想、学习、健康和生活等，是一个班集体的组织者、领导者和教育者，也是一个班级中全体任课教师教学、教育工作的协调者。因此，考察班主任与普通教师之间在教学效能方面是否有所差异具有重要意义。

通过运用独立样本t检验可以发现（表6-4），班主任与普通教师在教学效能及各维度上存在非常显著的差异。

---

① 顾明远：《教育大辞典（第6卷）》，上海教育出版社1992年版，第462页。

表6-4 班主任与普通教师在教学效能及各维度方面的差异性

变量	组别	样本数	平均数	标准差	t值	P值
教学效能	班主任	772	6.3429	0.80664	6.992	0.000***
	普通教师	701	6.0419	0.84485		
课堂管理	班主任	772	6.7016	0.99533	8.073	0.000***
	普通教师	701	6.2882	0.96899		
学生参与	班主任	772	5.8942	0.93694	5.773	0.000***
	普通教师	701	5.6004	1.01631		
教学策略	班主任	772	6.4329	0.91595	4.013	0.000***
	普通教师	701	6.2372	0.95511		

进一步分析如图6-4所示，班主任的教学效能显著地高于普通教师（t=6.992，p=0.000），从各维度来看，班主任的课堂管理效能、学生参与效能、教学策略效能也都显著地高于普通教师。特别值得注意的是，在班主任与普通教师之间，差值最大的是课堂管理效能，差值为0.41（t=8.073，p=0.000）。

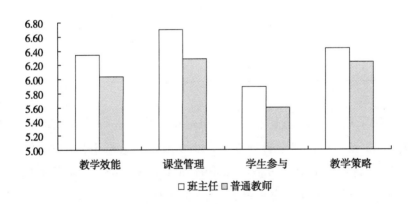

图6-4 班主任与普通教师的教学效能及各维度的差异对比

三 不同学段教师教学效能的差异

小学、初中、高中三个学段虽然同属中国的基础教育体系，但是在具体的教育目标、学校规模、学生身心特点等方面均存在诸多不同。因此，本研究假设认为，三个学段上的教师可能在教学效能方面会有显著差异。为验证这一假设，笔者运用单因素方差分析对三个学段之间的教师进行对比（表6－5）。方差分析表明：从整体来看，小学、初中、高中三个学段的教师在教学效能上不存在显著差异（F = 2.356，p = 0.095），但是从具体的维度来看，三个学段的教师在课堂管理（F = 6.761，p = 0.001）、学生参与（F = 3.463，p = 0.032）方面存在显著差异。

表6－5　　　　　　不同学段教师教学效能的单因素方差分析

变量	方差来源	平方和	自由度	均方	F 值	P 值
教学效能	组间	3.362	2	1.681	2.356	0.095
	组内	991.146	1389	0.714		
	总体	994.508	1391			
课堂管理	组间	13.755	2	6.877	6.761	0.001 * *
	组内	1412.931	1389	1.017		
	总体	1426.686	1391			
学生参与	组间	6.628	2	3.314	3.463	0.032 *
	组内	1329.497	1389	0.957		
	总体	1336.125	1391			
教学策略	组间	3.226	2	1.613	1.775	0.170
	组内	1261.924	1389	0.909		
	总体	1265.150	1391			

继续采用事后多重比较（post hoc tests）法进行差异检验，结果由表6－6显示：在课堂管理方面，小学教师显著低于初中教师（p = 0.010），高中教师也显著低于初中教师（p = 0.005）；在学生参与方面，小学教师显著高于高中教师（p = 0.021）。

表6－6　　　　　　不同学段教师教学效能的事后多重比较

因变量	对比组	均数差值	标准误	显著性
课堂管理	小学—初中	－ 0.17909	0.06120	0.010 *
	小学—高中	0.04610	0.07267	0.894
	初中—高中	0.22519	0.07077	0.005 *

续表

因变量	对比组	均数差值	标准误	显著性
学生参与	小学—初中	0.10322	0.05904	0.223
	小学—高中	0.18853	0.06993	0.021*
	初中—高中	0.08531	0.06897	0.519

为了更为直观地对小学、初中、高中三个学段的教师进行对比，笔者进一步将统计结果进行了归纳整理（图6-5）。分析图6-5可以发现：小学教师和初中教师的教学效能基本持平，但是二者的教学效能皆高于高中教师；从各分维度来看，三个学段也表现出不同的特点。初中教师的课堂管理效能高于小学教师和高中教师；在学生参与方面则可以明显地看出，随着学段的升高，教师的学生参与效能呈下降趋势，亦即小学教师高于初中教师，初中教师则高于高中教师；在教学策略方面，随着学段的升高，教师的教学策略效能也呈现轻微的下降趋势，教学方法可能更趋于单一化。

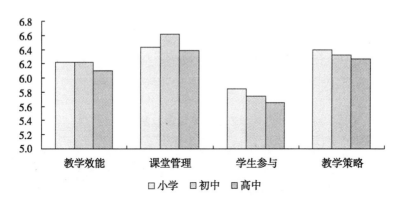

图6-5　不同学段教师教学效能的差异对比

四　县城教师与乡村教师教学效能的差异

继续选择运用独立样本t检验来对县城教师与乡村教师之间的差异显著性进行检验。分析结果显示（表6-7）：县城教师与乡村教师在教学效能方面无显著差异，但是在课堂管理维度上存在显著差异，县城教师显著地低于乡村教师（$t=2.760$，$p=0.006$）。

表6-7　　　　县城教师与乡村教师教学效能的差异性 t 检验

变量	组别	样本数	平均数	标准差	t 值	P 值
教学效能	乡村教师	1069	6.2026	0.84394	0.789	0.437
	县城教师	469	6.1667	0.81244		
课堂管理	乡村教师	1069	6.5392	1.00838	2.760	0.006**
	县城教师	469	6.3884	0.97653		
学生参与	乡村教师	1069	5.7347	0.98654	-0.911	0.363
	县城教师	469	5.7833	0.95485		
教学策略	乡村教师	1069	6.3341	0.96834	0.115	0.909
	县城教师	469	6.3284	0.86371		

五　不同职称教师教学效能及各维度方面的差异

(一) 小学教师

由于当前中国小学与中学在职称制度方面尚未完全实现对接与统一，因此在教师的职称分析上需要将小学与中学分开进行讨论。首先，考察不同职称的小学教师在教学效能上是否具有显著差异。单因素方差分析的结果显示（表6-8）：不同职称的教师在教学效能以及3个维度上全都存在显著差异。

表6-8　　　不同职称教师教学效能的单因素方差分析（小学）

变量	方差来源	平方和	自由度	均方	F 值	P 值
教学效能	组间	9.159	3	3.053	4.843	0.003**
	组内	254.019	403	0.630		
	总体	263.177	406			
课堂管理	组间	10.348	3	3.449	3.912	0.009**
	组内	355.359	403	0.882		
	总体	365.707	406			
学生参与	组间	7.412	3	2.471	2.915	0.034*
	组内	341.559	403	0.848		
	总体	348.971	406			

续表

变量	方差来源	平方和	自由度	均方	F 值	P 值
教学策略	组间	19.085	3	6.362	7.166	0.000 ***
	组内	357.741	403	0.888		
	总体	376.826	406			

表6-9　　　　不同职称教师教学效能的事后多重比较（小学）

因变量	对比组	均数差值	标准误	显著性
教学效能	见习期—小二	-0.01575	0.15006	0.916
	见习期—小一	-0.27081	0.11778	0.022 *
	见习期—小高	-0.44384	0.14119	0.002 **
	小二—小一	-0.25506	0.11947	0.033 *
	小二—小高	-0.42809	0.14261	0.003 **
	小一—小高	-0.17303	0.10813	0.110
课堂管理	见习期—小二	0.13637	0.17749	0.443
	见习期—小一	-0.28442	0.13931	0.042 *
	见习期—小高	-0.26917	0.16700	0.108
	小二—小一	-0.42079	0.14131	0.003 **
	小二—小高	-0.40554	0.16868	0.017 *
	小一—小高	0.01525	0.12789	0.905
学生参与	见习期—小二	-0.07789	0.17401	0.655
	见习期—小一	-0.06906	0.13658	0.613
	见习期—小高	-0.40858	0.16373	0.013 *
	小二—小一	0.00883	0.13854	0.949
	小二—小高	-0.33069	0.16537	0.046 *
	小一—小高	-0.33952	0.12538	0.007 **
教学策略	见习期—小二	-0.10574	0.17808	0.553
	见习期—小一	-0.45894	0.13977	0.001 **
	见习期—小高	-0.65377	0.16756	0.000 ***
	小二—小一	-0.35321	0.14178	0.013
	小二—小高	-0.54803	0.16924	0.001 **
	小一—小高	-0.19482	0.12832	0.130

注：见习期的教师职称未评；为了简洁，本表中把小教二级简称为"小二"，小教一级简称为"小一"，小教高级简称为"小高"。

进一步通过事后多重比较发现（表6－9），见习期（职称未评）教师的教学效能显著低于小教一级（p＝0.022）和小教高级教师（p＝0.002），小教二级教师的教学效能则显著低于小教一级（p＝0.033）和小教高级教师（p＝0.003）。

从各维度来看，在课堂管理方面，见习教师显著低于小教一级教师（p＝0.042），小教二级教师则显著低于小教一级（p＝0.003）与小教高级教师（p＝0.017）。

在学生参与方面，见习教师显著低于小教高级教师（p＝0.013），小教高级教师则显著高于小教二级（p＝0.046）和小教一级教师（p＝0.007）。

在教学策略方面，见习教师显著低于小教一级（p＝0.001）和小教高级教师（p＝0.000），小教二级教师则显著低于小教高级教师（p＝0.001）。

图6－6是职称与小学教师教学效能之间关系的直观显示，从图中可以明显地看到，随着教师职称的提高，教师教学效能以及各维度都呈现递增的趋势，亦即职称较高的教师教学效能也相对较高。

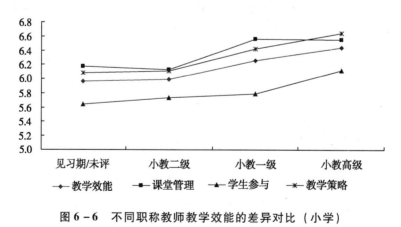

图6－6　不同职称教师教学效能的差异对比（小学）

（二）中学教师

上文已经对不同职称小学教师的教学效能进行了探讨，本部分则重点分析中学教师在这一问题上的特点。单因素方差分析的结果表明

（表 6 - 10），中学教师的情况与小学教师大相径庭，不同职称的中学教师在教学效能方面并无显著差异（F = 2.058，P = 0.084）。

在 3 个维度中，仅在课堂管理方面，不同职称的中学教师存在显著差异（F = 3.118，P = 0.015），而在学生参与与教学策略方面，不同职称的中学教师不存在显著差异。

表 6 - 10　　不同职称教师教学效能的单因素方差分析（中学）

变量	方差来源	平方和	自由度	均方	F 值	P 值
教学效能	组间	6.192	4	1.548	2.058	0.084
	组内	667.887	888	0.752		
	总体	674.080	892			
课堂管理	组间	13.218	4	3.305	3.118	0.015*
	组内	941.237	888	1.060		
	总体	954.455	892			
学生参与	组间	4.531	4	1.133	1.104	0.353
	组内	911.054	888	1.026		
	总体	915.585	892			
教学策略	组间	5.382	4	1.345	1.468	0.210
	组内	813.874	888	0.917		
	总体	819.256	892			

由于在单因素方差分析中发现不同职称的中学教师仅仅在课堂管理方面存在显著差异，所以此处仅对课堂管理维度进行事后多重比较（表 6 - 11）：见习教师的课堂管理效能显著低于中教三级（p = 0.005）、中教二级（p = 0.002）、中教一级教师（p = 0.002），其他组别之间不再有显著差异。

表 6 - 11　　不同职称教师的课堂管理效能事后多重比较（中学）

对比组	均数差值	标准误	显著性
见习—中三	- 0.45480	0.16128	0.005**
见习—中二	- 0.42096	0.13276	0.002**
见习—中一	- 0.48340	0.15633	0.002**
见习—中高	- 0.10033	0.32272	0.756

续表

对比组	均数差值	标准误	显著性
中三—中二	0.03383	0.10953	0.757
中三—中一	−0.02860	0.13715	0.835
中三—中高	0.35447	0.31388	0.259
中二—中一	−0.06244	0.10209	0.541
中二—中高	0.32064	0.30022	0.286
中一—中高	0.38307	0.31136	0.219

注：见习教师职称未评；为了简洁，本表中把中教三级简称为"中三"，中教二级简称为"中二"，中教一级简称为"中一"，中教高级简称为"中高"。

六　普通教师与教研组长教师之间教学效能的差异

教研组长往往是一所学校中某一任教科目教师中的骨干与精英，从理论上讲，教研组长的教学效能理应比普通教师高。本研究通过独立样本 t 检验也证明了这一点。表 6 – 12 显示：教研组长在教学效能以及各维度上都显著地高于普通教师。

表 6 – 12　　普通教师与教研组长在教学效能及各维度方面的差异性

变量	组别	样本数	平均数	标准差	t 值	P 值
教学效能	普通教师	1386	6.1591	0.82525	−4.503	0.000***
	教研组长	152	6.4889	0.86067		
课堂管理	普通教师	1386	6.4559	0.99235	−4.440	0.000***
	教研组长	152	6.8334	1.01730		
学生参与	普通教师	1386	5.7204	0.96916	−3.539	0.000***
	教研组长	152	6.0147	1.01045		
教学策略	普通教师	1386	6.3009	0.92391	−3.996	0.000***
	教研组长	152	6.6186	1.01159		

七　教师教学效能的文化区域差异

首先，需要说明一点，本研究中的"文化区域"主要是指民族地区与普通地区（汉族地区）。在本研究的抽样地区中，主要涉及藏传佛教文化区、回文化区、汉文化区等3个文化区域①。

以这3个文化区域作为自变量，以教学效能及其3个维度作为因变量进行单因素方差分析，结果发现（表6-13）：3个不同文化区域内的教师在教学效能上存在显著差异（F=9.417，p=0.000），在教学效能的3个维度中，除学生参与维度差异不显著外（F=2.618，p=0.074），其他两个维度也都具有显著性差异（F=8.837，p=0.000，F=10.757，p=0.000）。

表6-13　　　　　不同文化区域教师教学效能的单因素方差分析

变量	方差来源	平方和	自由度	均方	F值	P值
教学效能	组间	9.282	2	4.641	9.417	0.000***
	组内	333.146	676	0.493		
	总体	342.428	678			
课堂管理	组间	11.866	2	5.933	8.837	0.000***
	组内	453.829	676	0.671		
	总体	465.695	678			
学生参与	组间	4.095	2	2.047	2.618	0.074
	组内	528.584	676	0.782		
	总体	532.678	678			
教学策略	组间	13.642	2	6.821	10.757	0.000***
	组内	428.654	676	0.634		
	总体	442.296	678			

进一步的事后多重比较表明（表6-14），汉文化区教师的教学效能显著地高于藏文化区（p=0.004）和回文化区的教师（p=0.000），但是藏文化区与回文化区的教师之间并无显著差异（p=0.916）；在课堂管理维度上，同样也是汉文化区教师显著高于藏文化区（p=0.008）和回文化区教师（p=0.000），藏文化区与回文化区之间无显著差异（p=0.956）；在教学策略维度上，汉文化区教师也

① 王嘉毅、吕国光主编：《西北少数民族基础教育发展现状与对策研究》，民族出版社2006年版，第179页。

显著高于藏文化区（p＝0.006）和回文化区教师（p＝0.000），而藏文化区与回文化区之间同样也无显著差异（p＝1.000）。

表6－14　　　　　不同文化区域教师教学效能的事后多重比较

因变量	对比组	均数差值	标准误	显著性
教学效能	汉—藏	0.24434	0.08506	0.004**
	汉—回	0.23544	0.05792	0.000***
	藏—回	－0.00890	0.08409	0.916
课堂管理	汉—藏	0.26431	0.09928	0.008**
	汉—回	0.26975	0.06760	0.000***
	藏—回	0.00544	0.09814	0.956
教学策略	汉—藏	0.28396	0.08982	0.006**
	汉—回	0.28908	0.06726	0.000***
	藏—回	0.00513	0.08534	1.000

注：本表中，"汉"指汉文化区，"藏"指藏文化区，"回"指回文化区。

另外，为了更为直观地显示出上述差异，笔者绘制了图6－7，可以直观地反映出汉族地区与民族地区在教学效能及各维度上的差异性。

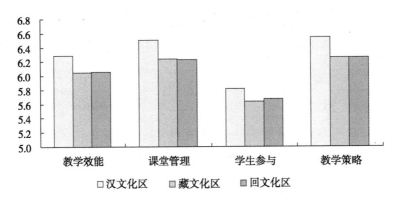

图6－7　不同文化区教师教学效能的差异对比

八　不同任教科目教师教学效能的差异

在本研究的调查样本中，主要涉及语文、数学、英语、物理、化学、生物、政治、历史、地理等9个科目的任教教师，笔者按照学科属性将这些科目划分为文科教师与理科教师。其中，文科教师包括语文、英语、政治、历史共4科；理科教师包括数学、物理、化学、生物、地理①共5科。对文、理科教师进行差异显著性检验，结果表明（表6－15），文、理科教师的教学效能及各维度都存在显著差异。

表6－15　　文、理科教师教学效能及各维度的差异显著性检验

变量	组别	样本数	平均数	标准差	t 值	p 值
教学效能	文科	633	6.1208	0.79294	-2.831	0.005**
	理科	905	6.2412	0.85911		
课堂管理	文科	633	6.4104	0.95963	-2.752	0.006**
	理科	905	6.5512	1.02528		
学生参与	文科	633	5.6803	0.96908	-2.328	0.020*
	理科	905	5.7979	0.98002		
教学策略	文科	633	6.2719	0.87265	-2.161	0.031*
	理科	905	6.3746	0.97841		

具体来讲（综合表6－15、图6－8），文、理科教师的教学效能具有显著差异（t = -2.831，p = 0.005），文科教师的教学效能显著低于理科教师，文科教师在课堂管理、学生参与与教学策略3个维度上的均值也都显著低于理科教师（t = -2.752，p = 0.006，t = -2.328，p = 0.020，t = -2.161，p = 0.031）。

九　教师个人背景变量对教学效能影响效果的多元回归分析

在本部分之前的分析中，已经就各背景变量对教师教学效能的影响（差异显著性）进行了探讨，此处将运用多元线性回归方程（multiple linear regression equation）进一步对这些背景变量作用于教学效能

———————

① 地理在学科属性的划分上虽然略有争议，例如地理分自然地理与人文地理，如果是自然地理则应当划分为理科，如果是人文地理则应当划分为文科，笔者在此处按照传统的学科属性将地理划分为理科，特此说明。

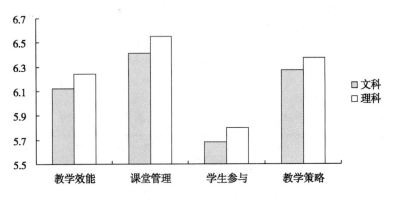

图 6 – 8　文、理科教师的教学效能差异对比

的影响强度进行研究。标准化多元回归方程的函数形式如下：

$$Y = B_1 X_1 + B_2 X_2 + \cdots + B_i X_i$$

其中，Y 是因变量，自变量为 X_1、X_2、$\cdots$、X_i，B_1、B_2、$\cdots$、B_i 是标准化净回归系数（standard partial regression coefficient），表示在控制其他的自变量后其相应的 X 变量对因变量 Y 的影响效果与方向，比较各个 B 值就可以知道各个 X 自变量对 Y 的相对影响强度。在此处，因变量 Y 为教学效能，X 为之前的分析中已经发现具有差异显著性的变量，分别是性别、班主任—普通教师、普通教师—教研组长、汉—藏—回地区教师、文—理科教师共 5 个自变量。

"在社会及行为科学领域中，常会发现许多使用者未将间断变量转化为虚拟变量，而直接以原始背景变量投入回归模型中，如此所使用的统计分析会违反多元回归分析的基本假定。"[①] 由于此处的这 5 个自变量都是间断性变量（非连续性变量），在投入回归方程之前，笔者都先将其逐个转化为了虚拟变量（dummy variable）以便进行正确运算。

运用逐步回归法（stepwise）结果显示（表 6 – 16），投入的 5 个自变量都显著地进入到回归方程当中，其重要性次序依次为班主任—普通教师、普通教师—教研组长、文—理科、汉—藏—回地区、性

---

① 吴明隆：《问卷统计分析实务——SPSS 操作与应用》，重庆大学出版社 2010 年版，第 405 页。

别。特别值得注意的是，就个别背景变量的解释量来看，"班主任—普通教师"的解释力最强，其解释量为3.1%，这说明担任班主任对提升教学效能很有帮助。5个背景变量的多元相关系数为0.234，其联合解释方差量0.055，也即5个背景变量能联合预测教师教学效能的5.5%。最后，得到的背景变量对教学效能影响效应的标准化回归方程为：

教学效能 = 0.156 × 班主任 + 0.088 × 教研组长 + 0.071 × 理科教师 + 0.073 × 汉族地区教师 + 0.062 × 男教师

从上述回归方程可以看出，高效能教师的个人背景变量特征为：班主任、教研组长、理科教师、汉族地区教师、男性教师。

表6－16　不同背景变量对教学效能影响效果之逐步多元回归分析摘要

进入方程的变量 （按重要性次序）	R	R^2	ΔR	F 值	净 F 值	Beta
班主任	0.176	0.031	0.031	45.571	45.571	0.156
教研组长	0.201	0.040	0.009	29.910	13.839	0.088
理科教师	0.215	0.046	0.006	22.896	8.551	0.071
汉族地区教师	0.227	0.052	0.005	19.274	8.064	0.073
男教师	0.234	0.055	0.003	16.460	4.989	0.062

注：R = 多元相关系数，R^2 = 决定系数（解释量），ΔR = 增加解释量，Beta = 标准化回归系数。

第三节　小结

在本部分中，就西北地区农村教师的教学效能现状及其特点进行了较为细致的探讨。研究表明，西北地区农村教师的教学效能总体上处于中等偏上水平。在教学效能的3个维度中，西北地区农村教师的课堂管理效能和教学策略效能都相对较高，但是学生参与效能与其他两个维度相比有较大差距，均分较低，能力较弱。换言之，西北地区农村教师的课堂管理能力较强，而调动学生积极互动、主动参与课堂教学的能力则相对欠缺。

研究还发现，在西北地区，尽管大多数农村教师的教学效能状况良好，教学效能较差的教师仅仅是个别现象，但是教学效能较强的教师为数也并不多，尚不足二成，属于"稀有人才"，这一比例需要进一步提高。

教龄是教师教学经验和职业生涯发展阶段的重要指标。研究显示，随着教龄的不断增长，教师的教学效能会逐渐有所提升。但值得注意的是，教师的课堂管理能力在入职的最初几年里将会大幅度上升，在6—15年的生涯阶段将逐渐达到顶点，之后则呈现平缓的回落趋势，亦即意味着"老教师"的课堂管理能力将会有所削弱。

除了上述分析和发现的一些基本现状与特点外，本部分还就不同背景变量的教师在教学效能及课堂管理、学生参与、教学策略维度上的差异进行了考察。结果表明，西北地区农村教师的教学效能及各维度在性别、职称、学段等诸多方面存在显著差异。

第一，从性别差异来看，男教师的教学效能显著地高于女教师，男教师在课堂管理、学生参与、教学策略3个方面的效能也都显著地高于女教师，尤其是在课堂管理方面，女教师与男教师的差距较大。

第二，从班主任与普通教师之间的对比来看，班主任的教学效能显著地高于普通教师，班主任的课堂管理效能、学生参与效能、教学策略效能也都显著地高于普通教师。

第三，从学段来看，小学、初中、高中3个学段的教师在教学效能上不存在显著差异，但是在课堂管理方面初中教师显著高于小学教师和高中教师；在学生参与方面，小学教师显著高于高中教师。更具体地来讲，小学教师和初中教师的教学效能基本持平，但是二者的教学效能皆高于高中教师。在学生参与方面，随着学段的升高，教师的学生参与效能呈下降趋势。在教学策略方面，随着学段的升高，教师的教学策略效能也呈现轻微的下降趋势，说明学段越高，教师的教学方法可能越趋于单一化。

第四，从县城教师与乡村教师之间的差异来看，县城教师与乡村教师在教学效能方面并无显著差异，但是在课堂管理维度上存在显著差异，县城教师的课堂管理效能显著地低于乡村教师。

第五，从不同职称教师之间的对比来看，小学教师与中学教师的特点截然不同。就小学教师而言，不同职称的教师在教学效能以及课堂管理、学生参与、教学策略3个维度上全都存在显著差异；随着职称的提高，小学教师的教学效能以及各维度都呈现递增的趋势，亦即在小学中，职称较高的教师其教学效能也相对较高。但是中学教师就没有这样的规律性特征。就中学教师而言，不同职称的中学教师在教学效能方面并无显著差异，在教学效能的3个维度中，仅在课堂管理方面不同职称的教师呈现出显著差异。尽管因职称而引起的教学效能差异在小学教师与中学教师身上的特点有所不同，但有一点是具有共性的，即无论是小学的见习教师还是中学的见习教师，他们的教学效能及某些维度都相对低于职称较高的教师，这是应当特别予以关注的一个问题。此外，研究还发现，教研组长在教学效能以及各维度上，都显著地强于普通教师。

第六，从文化区域来看，汉、藏、回3个不同文化区域内的教师在教学效能上存在显著差异，并且在教学效能的3个维度中，除学生参与维度差异不显著外，其他两个维度也都具有显著性差异。具体来讲，汉文化区教师的教学效能显著地高于藏文化区和回文化区的教师，在课堂管理和教学策略维度上，同样也是汉文化区教师显著高于藏文化区和回文化区的教师。

第七，研究还发现，文、理科教师的教学效能具有显著差异。文科教师的教学效能显著低于理科教师，文科教师在课堂管理、学生参与与教学策略3个维度上的效能均值也都显著低于理科教师。

最后，本部分就之前的背景变量对教师教学效能的影响效应进行了总结性研究，说明担任班主任对提升教学效能很有帮助。高效能教师的个人背景变量特征为：班主任、教研组长、理科教师、汉族地区教师、男性教师。背景变量对于教学效能的效应解释力为5.5%，这是很有参考价值的，至于教学效能影响效应的其他解释力，则需要通过探讨背景变量以外的其他重要因素才能进一步予以澄清。而有关这一问题的澄清，将在本书后续的部分中继续展开。

第七章

教学效能与课程改革认同

课程改革认同是指教师对课程改革表现的正面态度和行为意向。本部分主要探讨西北地区农村中小学教师的教学效能与课程改革认同之间的关系，并最终建立二者之间的结构方程模型。

第一节　教师的课程改革认同及其测量

一　变量简介

教师是课程改革的最终执行者，课程改革倡导的理念与教学行为，只有转化为他们的思想和行动才能取得实效[①]。这些肩负课程改革使命的一线教师，他们是否认同课程改革，是否具有推进课程改革的决心，这是一个关乎课程改革能否继续深入进行的一个关键性问题。正因如此，在有关课程改革研究的众多议题中，教师的课程改革认同问题一直是一个重要焦点，而探讨教师的教学效能与课程改革之间的影响效应也因此具有了重要的意义。

教师课程改革认同（teacher receptive to curriculum reform）是指教

---

① 尹弘飚、李子建、靳玉乐：《中小学教师对新课程改革认同感的个案分析——来自重庆市北碚实验区两所学校的调查报告》，《比较教育研究》2003 年第 10 期，第 24—29 页。

师对课程改革表现的正面态度和行为意向①。西方国家开展课程改革起步较早，因此有关教师对课程改革认同的研究也相对较多。其中，比较有代表性的是学者沃与戈弗雷（R. Waugh and J. Godfrey）。1993年，他们在总结有关研究的基础上，提出了一个对教师的课程改革认同进行评定的框架，并且编制了研究问卷②。1998年，中国香港地区学者李子建对这个框架与问卷进行了修订，并且用于香港地区的实地调查研究③。在中国大陆地区，有关教师课程改革认同的研究也在陆续跟进，其中最为值得注意的是学者尹弘飚的研究。尹弘飚等人在借鉴、吸收沃与戈弗雷以及李子建研究成果的基础上，通过几项研究④逐步开发出了用于测量教师的课程改革认同的问卷，这个问卷在实际应用中表现出了较好的信度与效度。基于此，笔者在本研究中采用了这个问卷作为测量教师课程改革认同的工具⑤。

二　教师课程改革认同的测量及其质量评估

测量工具主要包括霍伊的《教学效能量表（11题修订版）》和尹弘飚等人的《教师课程改革认同问卷（21题修订版）》。《教学效能量表（11题修订版）》的质量已经在之前的部分中进行了详细的评估与说明，不再赘述，此处仅对《教师课程改革认同问卷（21题修订版）》生成过程与质量进行说明。

在教师课程改革认同的测量上，本研究最初主要采用的是尹弘飚

---

① 颜明仁、李子建：《课程与教学改革：学校文化、教师转变与发展的观点》，教育科学出版社2010年版，第165页。

② Waugh, R. and Godfrey, J. (1993). Teacher Receptivity to System – wide Change in the Implementation Stage. *British Education Research Journal*, 19 (5), 565 –578.

③ 李子建：《香港小学教师对课程改革的认同感：目标为本课程与常识科的比较》，《课程论坛（香港）》1998年第2期，第71—83页。

④ 尹弘飚、李子建、靳玉乐：《中小学教师对新课程改革认同感的个案分析——来自重庆市北碚实验区两所学校的调查报告》，《比较教育研究》2003年第10期，第24—29页；尹弘飚、靳玉乐、马云鹏：《教师认同感的结构方程模型》，《教育研究与实验》2008年第3期，第62—66页。

⑤ 在此特别感谢香港中文大学教育学院助理教授尹弘飚博士，感谢他非常慷慨地为笔者提供了其最新的学术成果——《教师课程改革认同问卷》。

等人①在新近的研究中所修订使用的《教师课程改革认同问卷》（Questionnaire on Teacher Receptive to Curriculum Reform，QTRCR）。这个问卷主要包括成本与收益评估、课程实用性、学校支持、行为意向4个维度，共计18题。4个维度的具体操作性界定如下。

成本与收益评估，是指在课程改革过程中，教师在自身非物质（非金钱）方面的收益与付出之间做出的一种权衡考虑，亦即改革为教师带来的收益应大于教师付出的成本，包括教师在课程改革中所需要的学习时间和准备、处理改革时间及工作，因改革而获得的满足感和教学成效，教师专业发展的机会等。

课程实用性，是指新课程所倡导的教育理念、教学方法能够与教师个体的教学理念、教学方法相匹配，具有可行性，并且能够使学生学有所得。

学校支持，是指教师感受到来自校内的支持，包括得到同事、校长的支持，可以向他们请教、求援，甚至对教改活动表达疑虑。

行为意向，是指教师愿意身体力行地参与到课程改革中，积极主动地实施新课程改革。

在预试研究开展之前，首先对原问卷进行了调整。笔者认为，教师的课程改革认同不仅会受到来自学校内部的影响，也会受到来自学校外部的影响。据此，笔者以这个问卷为蓝本，参照了李子建与颜明仁的有关研究，增加了"其他支持"维度，包括3道题项，从而生成了用于预试研究的《教师课程改革认同问卷（21题修订版）》，具体涉及成本与收益评估、课程实用性、学校支持、其他支持、行为意向5个维度。其他支持，是指来自校外的支持，包括来自教育行政部门、师资培训机构、学生家长等的支持。问卷所有题项均采用李克特式6点测度（6 - point Likert - type response scales），选项从"非常反对"渐进变化为"非常同意"。

在问卷的质量评估方面，主要综合采用信度分析和结构效度分析

---

① Yin, H. B. and Lee, J. C. , Jin, Y. （2011）. Teacher Receptivity to Curriculum Reform and the Need for Trust：An Exploratory Study from Southwest China. *The Asia - Pacific Education Researcher*, 20 （1）, 35 - 47.

等。信度分析结果显示（表7-1）：从量表整体来看，本研究所采用的《教师课程改革认同问卷》总体信度系数 α 为 0.91，信度良好；但是从各分维度的信度情况来看，分量表课程实用性与其他支持的 α 分别为 0.67、0.61，虽然达到了最低可接受水平，但笔者还是希望通过修订能够进一步提高其信度。

表7-1　《教师课程改革认同问卷》预试与正式施测的信度分析

	总问卷		成本与收益评估		课程实用性		学校支持		其他支持		行为意向	
	题数	α	题数	α	题数	α	题数	α	题数	α	题数	α
预试	21	0.91	5	0.90	4	0.67	6	0.76	3	0.61	3	0.75
正式	24	0.92	5	0.91	7	0.83	6	0.78	3	0.77	3	0.81

在结构效度方面，从预试研究得到的几个拟合指标来看（表7-2），NNFI、CFI 都在 0.90 以上，这两个拟合指数都比较理想，但是 RMSEA 为 0.085，接近于 0.08 的标准，这也可能是样本规模较小所致。综合考虑以上对量表的各种分析，笔者认为量表的质量总体较高，无须做大的修改，但是由于个别分量表的信度系数不尽理想，需要进行一些局部调整，具体包括在课程实用性分量表中增加了 3 道题，更换了其他支持维度中的 1 道题，这样最终生成了用于正式研究的量表，共计 24 题，5 个维度。

经调整后，正式施测问卷的整体信度系数为 0.92（表7-1），其他各维度分量表的信度系数也有不同程度的提高，特别是分量表课程实用性、其他支持的信度系数分别提高到了 0.83 与 0.77，都比预试时大幅提高。

在结构效度方面显示出（表7-2），经过调整后的问卷，拟合指数得到了改善，NNFI、CFI 都在 0.90 以上，并且与预试问卷相比都有所提高；RMSEA 也下降至 0.076，小于 0.08，符合专家推荐的统计标准。

表 7 – 2　　　　　　《教师课程改革认同问卷》的修订情况

课程改革认同	拟 合 指 数				
	df	χ^2	RMSEA	NNFI	CFI
预试问卷	183	411.92	0.085	0.93	0.94
正式问卷	242	895.70	0.076	0.96	0.96

注：RMSEA = 近似残差均方根，NNFI = 非范拟合指数，CFI = 相对拟合指数；后同。

另外，图 7 – 1 详细反映出正式问卷的各维度因子负荷以及各个维度因子之间的相关系数。首先，从《教师课程改革认同问卷》5 个维度间的相关系数来看，学校支持与其他支持的相关系数过高（0.94），表明二者之间存在着共线性问题，应当合并为一个因子为宜。据此，在后面部分的分析中，笔者将学校支持维度与其他支持维度合并统称为支持维度。

其他维度因子间的相关系数介于 0.37 与 0.74 之间。总体而言，除学校支持与其他支持两个维度之外，其他各个维度之间呈中等程度的正相关，测量方向一致，同时彼此又具有各自相对独立的测量方向。另外，从各题项指标的因子载荷来看，因子载荷值介于 0.41 与 0.88 之间，并且大部分题项指标的因子载荷值在 0.60 以上，这说明各题项指标的设置也非常合理[①]。

综合正式研究中对《教师课程改革认同问卷》的信度分析和结构效度分析结果来看，笔者认为这个问卷信度系数良好，结构相对严谨，维度因子构建较为合理，因此这个问卷可以作为测量教师课程改革认同的有效研究工具。

---

① 因子载荷的取值范围处于 0 至 1 之间，多数情况下因子载荷值越高越好，亦即越接近 1 越好，但是关于因子载荷值最小为多少可以接受，这个问题有一些不同的观点。中国台湾学者邱皓政借鉴国外学者的观点，建议载荷值大于 0.71 为优秀，大于 0.63 为良好，若载荷值小于 0.32 则为非常差（邱皓政：《量化研究与统计分析——SPSS 中文视窗版数据分析范例解析》，重庆大学出版社 2009 年版，第 333 页）。吴明隆则主张因子载荷值的挑选标准最好在 0.4 以上（吴明隆：《问卷统计分析实务——SPSS 的操作与应用》，重庆大学出版社 2010 年版，第 200—201 页）。但是无论采用哪种标准，本研究中的因子载荷值都较高，都达到了专家学者推荐的统计标准。

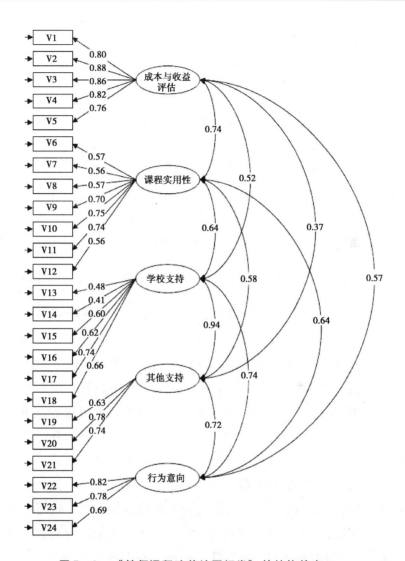

图 7 - 1　《教师课程改革认同问卷》的结构效度

三　分析策略

本部分内容将着重就教学效能与课程改革认同之间的关系、作用效应等展开结构方程模型分析。用于分析的数据样本来自 2011 年正式调查研究中的教师样本 A，有效样本数为 679 个。主要采用结构方程模型分析软件 LISREL8.71 版本，进行变量之间的模型建构、模型比对、模型修正等。

第二节 教学效能与课程改革认同的关系

教师课程改革认同是指教师对课程改革表现的正面态度和行为意向。从这个定义即可看出，课程改革认同实际上包括两个层面：一是态度层面，即持有积极的正面态度；二是意向层面，即具有课程改革推行实施的行为意向。因此，在探讨教学效能与课程改革认同的关系时，笔者将态度层面与意向层面拆分开来，以便更为明晰地对各个维度因子间的结构、作用路径与影响效应进行分析。

一 教学效能与课程改革认同之间是否存在作用效应

教学效能与课程改革认同之间的作用究竟是谁决定谁，谁影响谁？这需要借助结构方程模型，通过对不同理论假设模型之间的拟合比对，方能找到答案。在验证的逻辑上，主要有以下两大思路。

思路1：教学效能会作用于教师的课程改革认同，进而作用于课程改革的实施意向，亦即教学效能→课程改革认同→课程改革实施行为意向。这种作用路径，在理论上是最为可能的，因为在之前的文献综述中已经阐明，并且已有的研究也表明，教学效能较高的教师面对改革会相应地持有更为积极和开放的态度。

思路2：课程改革认同会作用于教师的教学效能，进而作用于课程改革的实施意向，亦即课程改革认同→教学效能→课程改革实施行为意向。这种逻辑假设也是存在可能的，高改革认同的教师，很可能会进一步强化自身的教学效能，进而增进改革实施的行为意向。

为了验证上述两大逻辑思路，笔者设定以下了几个结构方程模型进行探讨。

（一）模型 M1 的设定与分析

模型 M1 的设定主要是为了验证思路1是否合理（图7-2）。在 M1 全模型中，自变量为教学效能，主要包括课堂管理效能、学生参与效能、教学策略效能3个维度因子，在测量方程中将它们分别设定为，课堂管理效能为 ξ_1，学生参与效能为 ξ_2，教学策略效能为 ξ_3；因变量为课程改革实施意向，在结构方程中将其设定为 η_1。如图 7-2 所示，教学效能中的 3 个因子都被假设作用于课程改革实施意向因子，至此已经设定好了理论模型。

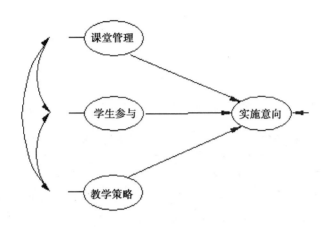

图 7-2　模型 M1 假设结构示意图

在设定好了理论模型之后，下一步即是对其进行检验。在 LIS-REL8.7 中，编写并执行的命令如下：

DA NI = 14 NO = 679 MA = CM

CM FI = M13. COV SY

LA；SIX_ 22 SIX_ 23 SIX_ 24 FIVE1 FIVE6 FIVE7 FIVE8 FIVE2 FIVE3 FIVE4 FIVE5 FIVE9 FIVE10 FIVE12

MO NY = 3 NE = 1 NX = 11 NK = 3 PH = SY，FR PS = SY，FI TD = DI，FR TE = DI，FR BE = FU，FI GA = FU，FI

LE；XWYX

LK；KTGL XSDD JXCL

PA LY

3 （1）

PA LX

4 （1 0 0）

3 （0 1 0）

4 (0 0 1)

FI LY 1 1 LX 1 1 LX 5 2 LX 8 3

VA 1 LY 1 1 LX 1 1 LX 5 2 LX 8 3

FR GA 1 1 GA 1 2 GA 1 3 PS 1 1

PD

OU SS SC MI AD = OFF IT = 2000 RS

运行上述命令，最终生成了教学效能的 3 个因子对课程改革实施意向的作用效应参数估计，结果详见表 7－3。在表 7－3 中可以看出，教学效能的 3 个因子都对课程改革实施意向产生了显著的作用效应。

表 7－3　　　模型 M1 外源—内生潜变量的因子效应及其显著性

		ξ_1	ξ_2	ξ_3
	效应值	− 0.44***	0.29***	0.30**
η_1	0.11	标准误	0.13	0.07
	2.75	t 值	− 3.40	4.01

注：$|t| > 1.96$ 时，$*p < 0.05$；$|t| > 2.58$ 时，$**p < 0.01$；$|t| > 3.29$ 时，$***p < 0.001$；后同。

另外，表 7－4 显示了 M1 的几个主要拟合指数，RMSEA 为 0.077，小于 0.08，符合标准，NNFI、CFI 分别为 0.94、0.95，都大于 0.90，符合标准。拟合指数分析表明 M1 结构合理，是可行的一个模型。

表 7－4　　　　　　　　　　模型 M1 的拟合指数

df	χ^2	RMSEA	NNFI	CFI
71	339.63	0.077	0.94	0.95

模型 M1 的最终结构图示及其完全标准化参数估计详见图 7－3。从图 7－3 可以看出：测量方程教学效能的因子负荷最低达到 0.54，最高为 0.73，测量方程课程改革实施意向的因子负荷最低达到 0.65，最高为 0.88，都非常理想，指标解释力强；课堂管理效能对课程实施意向具有负向作用，完全标准化效应系数为 − 0.39，学生参与效能对课程实施意向具有正向作用，完全标准化效应系数为 0.33，教学

策略效能对课程实施意向也具有正向作用，完全标准化效应系数为 0.31。

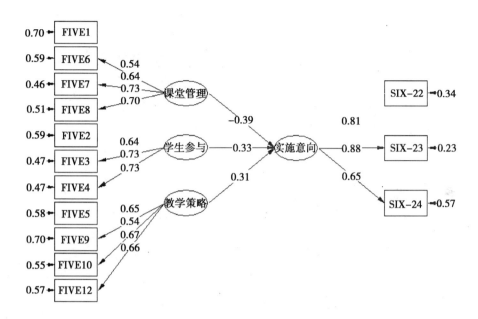

图 7 - 3 模型 M1 及其参数估计

（二）模型 M2 的设定与分析

模型 M2 的设定主要是为了验证思路 2 是否可行（图 7 - 4）。在 M2 全模型中，自变量为课程改革认同，主要包括成本与收益评估、课程实用性、学校支持、其他支持 4 个因子，在测量方程中将它们分别设定为，成本与收益评估为 ξ1，课程实用性为 ξ2，学校支持为 ξ3，其他支持为 ξ4；因变量为教学效能、改革实施意向，在结构方程中，将教学效能设定为 η1，改革实施意向设定为 η2。如图 7 - 4 所示，课程改革认同中的 4 个因子都被假设作用于因变量教学效能，而教学效能作为中介变量又作用于课程改革实施意向。

设定好理论模型之后，进一步在 LISREL8.7 中编写并执行如下命令：

```
DA NI = 27 NO = 679 MA = CM
CM FI = M11. COV SY
LA；KTGL XSDD JXCL SIX_ 22 SIX_ 23 SIX_ 24 SIX_ 1 SIX_ 2
```

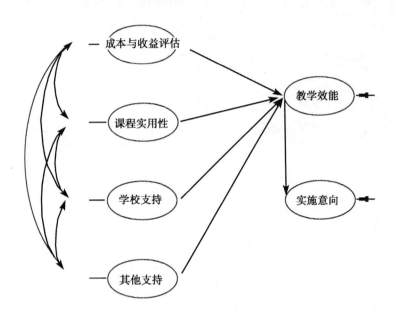

图 7 - 4　模型 M2 假设结构示意图

SIX_ 3 SIX_ 4 SIX_ 5 SIX_ 6 SIX_ 7 SIX_ 8 SIX_ 9 SIX_ 10 SIX_ 11 SIX_ 12 SIX_ 13 SIX_ 14 SIX_ 15 SIX_ 16 SIX_ 17 SIX_ 18 SIX_ 19 SIX_ 20 SIX_ 1 SIX_ 21

　　MO NY = 6 NE = 2 NX = 21 NK = 4 PH = SY, FR PS = SY, FI TD = DI, FR TE = DI, FR BE = FU, FI GA = FU, FI

　　LE；JXXN XWYX

　　LK；CBYSY KCSYX XXZC QTZC

　　PA LY

　　3 (1 0)

　　3 (0 1)

　　PA LX

　　5 (1 0 0 0)

　　7 (0 1 0 0)

　　6 (0 0 1 0)

　　3 (0 0 0 1)

FI LY 1 1 LY 4 2 LX 1 1 LX 6 2 LX 13 3 LX 19 4

VA 1 LY 1 1 LY 4 2 LX 1 1 LX 6 2 LX 13 3 LX 19 4

FR BE 2 1 GA 1 1 GA 1 2 GA 1 3 GA 1 4 PS 1 1 PS 2 2

PD

OU SS SC MI AD = OFF IT = 2000 RS

运行上述命令，最终生成了课程改革认同的 4 个因子对教学效能和课程改革实施意向的作用效应参数估计，结果详见表 7 - 5。表 7 - 5 反映出，在课程改革认同的 4 个因子中，只有课程实用性 ξ2 对教学效能产生显著的作用效应，而其他 3 个因子都对教学效能无显著效应。

表 7 - 5　　　　模型 M2 外源—内生潜变量的因子效应及其显著性

		ξ1	ξ2	ξ3	ξ4
η1	效应值	- 0.10	0.75***	- 1.28	0.89
	0.56	标准误	0.09	0.14	0.81
	1.60	t 值	- 1.09	5.18	- 1.58

表 7 - 6 显示了 M2 的几个主要拟合指数，RMSEA 为 0.096，大于 0.08，不符合标准，NNFI、CFI 分别为 0.88、0.80，都低于 0.90，也不符合标准。拟合指数分析表明 M2 结构不合理，因而不能够有效地反映出变量之间的真正关系。

表 7 - 6　　　　　　　　模型 M2 的拟合指数

df	χ^2	RMSEA	NNFI	CFI
313	2397.82	0.096	0.88	0.80

（三）模型 M3 的设定与分析

在对 M2 的分析过程中，笔者发现 M2 的测量方程中学校支持与其他支持的因子相关过高，考虑到 M2 的拟合不佳是否由于这两个因子的共线性太强所致，故而在 M3 中，笔者将学校支持与其他支持两个因子合并后，又再一次进行了 M3 的全模型检验，理论假设结构详见图 7 – 5。

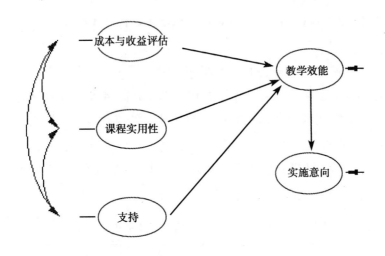

图 7 – 5　模型 M3 假设结构示意图

在 M3 中，自变量为课程改革认同，主要包括成本与收益评估、课程实用性、支持 3 个因子，在测量方程中将它们分别设定为，成本与收益评估为 ξ1，课程实用性为 ξ2，支持为 ξ3；因变量为教学效能、改革实施意向，在结构方程中将教学效能其设定为 η1，改革实施意向设定为 η2。如图 7 – 5 所示，课程改革认同中的 3 个因子都被假设作用于因变量教学效能，而教学效能作为中介变量又作用于课程改革实施意向。

设定好理论模型之后，进一步在 LISREL8.7 中编写并执行如下命令：

DA NI = 27 NO = 679 MA = CM

CM FI = M11. COV SY

LA；KTGL XSDD JXCL SIX_ 22 SIX_ 23 SIX_ 24 SIX_ 1 SIX_ 2 SIX_ 3 SIX_ 4 SIX_ 5 SIX_ 6 SIX_ 7 SIX_ 8 SIX_ 9 SIX_ 10 SIX_ 11 SIX_ 12 SIX_ 13 SIX_ 14 SIX_ 15 SIX_ 16 SIX_ 17 SIX_ 18 SIX_ 19 SIX_ 20 SIX_ 1 SIX_ 21

MO NY = 6 NE = 2 NX = 21 NK = 3 PH = SY，FR PS = SY，FI TD =

DI，FR TE = DI，FR BE = FU，FI GA = FU，FI

LE；JXXN XWYX

LK；CBYSY KCSYX ZC

PA LY

3（1 0）

3（0 1）

PA LX

5（1 0 0）

7（0 1 0）

9（0 0 1）

FI LY 1 1 LY 4 2 LX 1 1 LX 6 2 LX 13 3

VA 1 LY 1 1 LY 4 2 LX 1 1 LX 6 2 LX 13 3

FR BE 2 1 GA 1 1 GA 1 2 GA 1 3 PS 1 1 PS 2 2

PD

OU SS SC MI AD = OFF IT = 2000 RS

运行上述命令后，最终生成了课程改革认同的 3 个因子对教学效能和课程改革实施意向的作用效应参数估计，结果详见表 7 - 7。表 7 - 7 反映出，课程改革认同的 3 个因子中，成本与收益评估 $\xi1$ 对教学效能具有显著的负向作用效应，这显然不合逻辑。另外，表 7 - 8 显示了 M3 的几个主要拟合指数，RMSEA 为 0.096，大于 0.08，不符合标准，NNFI、CFI 分别为 0.88、0.81，都低于 0.90，也不符合标准。拟合指数分析表明 M3 结构不合理，模型不可取。

表 7 - 7　　　模型 M3 外源—内生潜变量的因子效应及其显著性

		$\xi1$	$\xi2$	$\xi3$
	效应值	- 0.15 *	0.78 * * *	0.01
$\eta1$	0.07	标准误	0.07	0.12
	0.10	t 值	- 2.06	6.41

表 7 - 8　　　　　　　　　　　模型 **M3** 的拟合指数

df	χ^2	RMSEA	NNFI	CFI
317	2409.17	0.096	0.88	0.81

（四）小结

教学效能与课程改革认同之间的作用究竟是谁决定谁，谁影响谁？为回答这一问题，笔者借助结构方程模型，通过对不同理论假设之全模型之间的拟合比对，进行了验证。在 M1、M2、M3 三个假设模型中，M1 拟合较好，较为合理。最终的分析结果证明，教学效能中的课堂管理效能、学生参与效能、教学策略效能都对课程改革实施意向产生显著的作用效应。

值得注意的是，学生参与效能、教学策略效能都对改革实施意向具有显著的正向效应，亦即学生参与效能越强、教学策略效能越强的教师，课程改革实施意向也就越强，这个结论容易理解，但是课堂管理效能对改革实施意向则具有负向效应，亦即课堂管理效能越强的教师，课程改革的实施意向越低，这似乎有些不合逻辑，针对这一问题，笔者在后文中还将进一步详细讨论。

二　教学效能与课程改革认同之间如何作用

已经通过之前的研究探明，在教学效能与课程改革实施意向之间存在着显著的作用效应，下一步的分析重点在于搞清楚教学效能、课程改革认同是如何具体地作用于改革实施意向的。据此，笔者也提出两大假设思路。

思路 1：教学效能和课程改革认同的态度层面都是自变量，二者一起共同作用于因变量——课程改革实施意向，其结构假设如图 7 - 6 所示，在本研究中将这一思路假设命名为模型 M4。

思路 2：教学效能作用于教师的课程改革认同，以改革认同为中介，进而作用于课程改革的实施意向，亦即教学效能→课程改革认同→课程改革实施行为意向（图 7 - 7）。这种逻辑假设的实质在于，具有高教学效能的教师，能够增进对课程改革的认同，进而提升他们

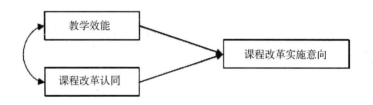

图7-6　模型 M4 假设结构示意图

的改革实施意向。

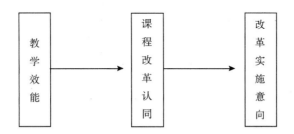

图7-7　教学效能、改革认同、改革意向的关系假设图

为了验证上述两大逻辑思路，笔者设定了以下几个结构方程模型进行探讨。

（一）模型 M4 的设定与分析

模型 M4 的假设思路与结构已经在图7-6中详细地列出来了。在 M4 全模型中，自变量为教学效能和课程改革认同，在测量方程中将它们分别设定为，教学效能为 $\xi 1$，课程改革认同为 $\xi 2$；因变量为课程改革实施意向，在结构方程中将其设定为 $\eta 1$。设定好了理论模型之后，在 LISREL8.7 中编写并执行如下命令：

DA NI = 10 NO = 679 MA = CM

CM FI = M10. COV SY

LA；SIX_ 22 SIX_ 23 SIX_ 24 KTGL XSDD JXCL CBYSY KCSYX XXZC QTZC

MO NY = 3 NE = 1 NX = 7 NK = 2 PH = SY，FR PS = SY，FR TD = DI，FR TE = DI，FR BE = FU，FI GA = FU，FR

LE；XWYX

LK；JXXN KGRT

PA LY

3（1）

PA LX

3（1 0）

4（0 1）

FI LY 1 1 LX 1 1 LX 4 2

VA 1 LY 1 1 LX 1 1 LX 4 2

PD

OU SS SC MI AD＝OFF IT＝2000 RS

运行上述命令，最终生成了教学效能、课程改革认同对课程改革实施意向的作用效应参数估计，结果详见表 7 − 9。在表 7 − 9 中可以看出，在 M4 中，教学效能 ξ_1 对课程改革实施意向具有负向的作用效应，这是不合逻辑的，此模型被否定了，不可取。另外，表 7 − 10 也对模型 M4 的拟合指数予以报告，结果显示，RMSEA 为 0. 17，与小于 0. 08 的统计标准有非常大的差距，极不符合标准，NNFI、CFI 分别为 0. 84、0. 89，都低于 0. 90，也都不符合标准。综合这些模型分析结果，M4 的关系路径、作用效应不合理，应当废弃此模型。

表 7 − 9　　　　模型 M4 外源—内生潜变量的因子效应及其显著性

		ξ_1	ξ_2
η_1	效应值	− 0. 14 * *	1. 51 * * *
	0. 12	标准误	0. 05
	12. 61	t 值	− 2. 95

表 7 − 10　　　　　　　　模型 M4 的拟合指数

df	χ^2	RMSEA	NNFI	CFI
32	568. 89	0. 17	0. 84	0. 89

（二）模型 M5 的设定及其修正

模型 M5 的设定主要是为了验证教学效能→课程改革认同→课程

改革实施意向的作用效应及其结构是否成立。在 M5 中，自变量为教学效能，主要包括课堂管理效能、学生参与效能、教学策略效能 3 个因子，在测量方程中将它们分别设定为，课堂管理效能为 ξ1，学生参与效能为 ξ2，教学策略效能为 ξ3；因变量为课程改革认同和课程改革实施意向，在结构方程中的设定如下，成本与收益评估为 η1，课程实用性为 η2，支持因素为 η3，改革实施意向为 η4。

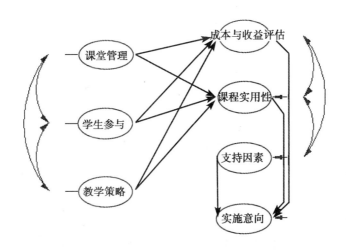

图 7 - 8　模型 M5 假设结构示意图

如图 7 - 8 所示，教学效能中的 3 个因子都被假设作用于课程改革认同中的成本与收益评估和课程实用性两个因子，但是在 ξ1、ξ2、ξ3 到 η3 的作用路径之间设定为不通路，主要原因在于，显然教学效能不可能对学校支持、其他支持这些因素产生影响，支持因素主要是受外部环境的影响，不可能因为教师的教学效能而发生改变，因此把 ξ1、ξ2、ξ3 到 η3 的路径设定为固定不通路，参数非自由估计。设定好了理论模型之后，在 LISREL8.7 中编写并执行的命令如下：

DA NI = 35 NO = 679 MA = CM

CM FI = M14. COV SY

LA；SIX_ 1 SIX_ 2 SIX_ 3 SIX_ 4 SIX_ 5 SIX_ 6 SIX_ 7 SIX_ 8 SIX_ 9 SIX_ 10 SIX_ 11 SIX_ 12 SIX_ 13 SIX_ 14 SIX_ 15 SIX_ 16

SIX_ 17 SIX_ 18 SIX_ 19 SIX_ 20 SIX_ 21 SIX_ 22 SIX_ 23 SIX_ 24
FIVE1 FIVE6 FIVE7 FIVE8 FIVE2 FIVE3 FIVE4 FIVE5 FIVE9 FIVE10
FIVE12

MO NY = 24 NE = 4 NX = 11 NK = 3 PH = SY, FR PS = SY, FR TD
= DI, FR TE = DI, FR BE = FU, FI GA = FU, FI

LE; CBYSY KCSYX ZC XWYX

LK; KTGL XSDD JXCL

PA LY

3 (1 0 0 0)

5 (0 1 0 0)

7 (0 0 1 0)

9 (0 0 0 1)

PA LX

4 (1 0 0)

3 (0 1 0)

4 (0 0 1)

FI LY 1 1 LY 4 2 LY 9 3 LY 16 4 LX 1 1 LX 5 2 LX 8 3

VA 1 LY 1 1 LY 4 2 LY 9 3 LY 16 4 LX 1 1 LX 5 2 LX 8 3

FR BE 4 1 BE 4 2 BE 4 3 GA 1 1 GA 1 2 GA 1 3 GA 2 1 GA 2 2 GA
2 3

FI PS 4 1 PS 4 2 PS 4 3

PD

OU SS SC MI AD = OFF IT = 2000 RS

运行上述命令，最终生成了教学效能的 3 个因子对课程改革实施
意向的作用效应参数估计，结果详见表 7 - 11。在表 7 - 11 中可以看
出，课堂管理效能 $\xi1$、学生参与效能 $\xi2$ 两个因子分别对 $\eta1$ 成本与收
益评估、$\eta2$ 课程实用性产生显著的作用效应；教学策略效能 $\xi3$ 对
$\eta1$、$\eta2$ 都无显著效应。

表 7-11　　　模型 M5 外源—内生潜变量的因子效应及其显著性

		ξ1	ξ2	ξ3
η1	效应值	0.47***	-0.17**	-0.06
	0.09	标准误	0.11	0.06
	-0.67	t 值	4.11	-2.74
η2	效应值	0.29**	-0.14*	0.03
	0.09	标准误	0.10	0.06
	0.32	t 值	2.76	-2.40

　　再进一步考察 M5 的拟合指数，如表 7-12 所示，RMSEA 为 0.086，高于 0.08，未达到标准，而 NNFI、CFI 分别为 0.90、0.91，都大于 0.90，符合标准。从拟合指数来看，模型 M5 可以考虑，但是个别拟合指数不佳，需要进行进一步的模型修正。

表 7-12　　　　　　　　模型 M5 的拟合指数

df	χ^2	RMSEA	NNFI	CFI
545	3198.78	0.086	0.90	0.91

　　为了进一步对 M5 进行修正，笔者在 M5 的基础上做了些局部调整，将调整后的模型命名为 M6，全模型 M6 的假设结构详见图 7-9。在 M6 中，与 M5 相同，主要包括课堂管理效能、学生参与效能、教学策略效能 3 个因子，在测量方程中将它们分别设定为：课堂管理效能为 ξ1，学生参与效能为 ξ2，教学策略效能为 ξ3。因变量方面，考虑到 M5 的支持因素在模型方程中并不发挥作用，因此在 M6 中直接把支持因素这一因子剔除掉，如此也可使模型更为简洁，最终的因变量因子就剩下 3 个，分别是成本与收益评估、课程实用性、课程改革实施意向，在结构方程中的设定如下，成本与收益评估为 η1，课程实用性为 η2，改革实施意向为 η3。

　　如图 7-9 所示，在 M6 中，课堂管理效能、学生参与效能、教学策略效能 3 个因子都被假设作用于成本与收益评估和课程实用性两个因子，成本与收益评估对课程改革实施意向的作用效应自由估计，课程实用性对课程改革实施意向的作用效应也自由估计。设定好了理论模型之后，在 LISREL8.7 中编写并执行的命令如下：

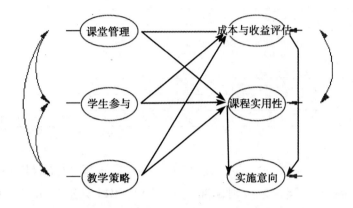

图 7 - 9　模型 M6 假设结构示意图

DA NI = 26 NO = 679 MA = CM

CM FI = M15. COV SY

　LA；SIX_ 1 SIX_ 2 SIX_ 3 SIX_ 4 SIX_ 5 SIX_ 6 SIX_ 7 SIX_ 8 SIX_ 9 SIX_ 10 SIX_ 11 SIX_ 12 SIX_ 22 SIX_ 23 SIX_ 24 FIVE1 FIVE6 FIVE7 FIVE8 FIVE2 FIVE3 FIVE4 FIVE5 FIVE9 FIVE10 FIVE12

　MO NY = 15 NE = 3 NX = 11 NK = 3 PH = SY，FR PS = SY，FR TD = DI，FR TE = DI，FR BE = FU，FI GA = FU，FI

　LE；CBYSY KCSYX XWYX

　LK；KTGL XSDD JXCL

　PA LY

　3（1 0 0）

　5（0 1 0）

　7（0 0 1）

　PA LX

　4（1 0 0）

　3（0 1 0）

　4（0 0 1）

　FI LY 1 1 LY 4 2 LY 9 3 LX 1 1 LX 5 2 LX 8 3

　VA 1 LY 1 1 LY 4 2 LY 9 3 LX 1 1 LX 5 2 LX 8 3

FR BE 3 1 BE 3 2 GA 1 1 GA 1 2 GA 1 3 GA 2 1 GA 2 2 GA 2 3

FI PS 3 1 PS 3 2

PD

OU SS SC MI AD = OFF IT = 2000 RS

运行上述命令，便得到了 M6 的结构方程分析结果。首先来看，教学效能的 3 个因子对成本与收益评估、课程实用性的效应参数估计，详见表 7 - 13。由表 7 - 13 可知，在模型中剔除了支持因素之后，课堂管理效能 ξ_1、学生参与效能 ξ_2 两个因子对 η_1、η_2 的作用显著性比起 M5 都有所下降。

表 7 - 13　　　模型 M6 外源—内生潜变量的因子效应及其显著性

		ξ_1	ξ_2	ξ_3
	效应值	0. 34 **	0. 03	0. 06
η_1	0. 11	标准误	0. 12	0. 07
	0. 58	t 值	2. 76	0. 44
	效应值	0. 14	0. 13 *	0. 13
η_2	0. 09	标准误	0. 011	0. 06
	1. 41	t 值	1. 32	1. 99

其次，从 M6 的拟合指数来看（表 7 - 14），RMSEA 比 M5 增大了，越加偏离了低于 0. 08 的标准，模型拟合不太理想。尽管如此，模型中的修正指数（MI）也显示，如果把 ξ_1、ξ_2、ξ_3 到 η_3 的路径放开自由估计，可能会使得模型拟合有所改观，于是在进一步的模型修正中，笔者打算将 ξ_1、ξ_2、ξ_3 到 η_3 的路径由固定改为自由估计参数。

表 7 - 14　　　　　　　　模型 M6 的拟合指数

df	χ^2	RMSEA	NNFI	CFI
287	1932. 63	0. 093	0. 90	0. 91

据此，笔者继续进一步对 M6 进行了修正，将修正模型命名为 M7，其元素与结构图与 M6 的相似，不同之处只是在于增加 3 条估计

路径，即把 ξ1、ξ2、ξ3 到 η3 的路径放开自由估计。设定好了理论模型之后，在 LISREL8.7 中编写并执行如下命令：

DA NI = 26 NO = 679 MA = CM

CM FI = M15. COV SY

LA；SIX_ 1 SIX_ 2 SIX_ 3 SIX_ 4 SIX_ 5 SIX_ 6 SIX_ 7 SIX_ 8 SIX_ 9 SIX_ 10 SIX_ 11 SIX_ 12 SIX_ 22 SIX_ 23 SIX_ 24 FIVE1 FIVE6 FIVE7 FIVE8 FIVE2 FIVE3 FIVE4 FIVE5 FIVE9 FIVE10 FIVE12

MO NY = 15 NE = 3 NX = 11 NK = 3 PH = SY，FR PS = SY，FR TD = DI，FR TE = DI，FR BE = FU，FI GA = FU，FR

LE；CBYSY KCSYX XWYX

LK；KTGL XSDD JXCL

PA LY

3 （1 0 0）

5 （0 1 0）

7 （0 0 1）

PA LX

4 （1 0 0）

3 （0 1 0）

4 （0 0 1）

FI LY 1 1 LY 4 2 LY 9 3 LX 1 1 LX 5 2 LX 8 3

VA 1 LY 1 1 LY 4 2 LY 9 3 LX 1 1 LX 5 2 LX 8 3

FR BE 3 1 BE 3 2

FI PS 3 1 PS 3 2

PD

OU SS SC MI AD = OFF IT = 2000 RS

运行上述命令，便得到了 M7 的结构方程分析结果。

首先，考察 M7 中的外源潜变量与内生潜变量之间的因子效应，亦即各个 ξ 与各个 η 的作用效应，结果如表 7 – 15 所示，ξ1 对 η1 具有显著地正向作用效应，ξ1 对 η3 具有显著的负向作用效应，ξ2 对 η3 具有显著的正向作用效应，ξ3 对 η2、η3 都具有显著的正向作用效应。

表 7 – 15　　　模型 M7 外源—内生潜变量的因子效应及其显著性

		ξ1	ξ2	ξ3
η1	效应值	0.31 *	0.06	0.06
	标准误	0.12	0.07	0.11
	t 值	2.52	0.90	0.56
η2	效应值	0.19	0.06	0.13 *
	标准误	0.12	0.07	0.10
	t 值	1.65	0.90	2.24
η3	效应值	- 0.37 * * *	0.27 * * *	0.17 *
	标准误	0.09	0.05	0.07
	t 值	- 4.14	5.25	2.23

　　其次，考察 M7 中的内生潜变量之间的因子效应，也即各个 η 之间的作用效应，结果如表 7 – 16 所示，η1 对 η3 无显著的作用效应，而 η2 对 η3 具有非常显著的正向作用效应。

表 7 – 16　　　模型 M7 内生潜变量因子之间的效应及其显著性

		η1	η2	η3
η3	效应值	0.06	0.51 * * *	—
	标准误	0.11	0.13	—
	t 值	0.52	4.11	—

　　最后，表 7 – 17 显示了 M7 的几个主要拟合指数，RMSEA 为 0.079，小于 0.08，符合标准，NNFI、CFI 分别为 0.90、0.91，都大于 0.90，也都符合标准。拟合指数分析表明，最终修正后的模型 M7 拟合较好，结构合理，是可行的一个模型。

表 7 – 17　　　　　　　　模型 M7 的拟合指数

df	χ^2	RMSEA	NNFI	CFI
284	1890.10	0.079	0.90	0.91

　　模型 M7 的最终结构图示及其完全标准化参数估计详见图 7 - 10。图 7 - 10 显示出，课堂管理效能对成本与收益评估具有显著的正向效应，完全标准化效应系数为 0.26，课堂管理效能对改革实施意向具有显著的负向效应，完全标准化效应系数为 - 0.41，学生参与效能对课程改革实施意向具有显著的正向效应，完全标准化效应系数为 0.38，教学策略效能对课程实用性具有显著的正向效应，完全标准化效应系数为 0.13，教学策略效能对课程改革实施意向具有显著的正向效应，完全标准化效应系数为 0.21，课程实用性对课程改革实施意向具有显著的正向效应，完全标准化效应系数为 0.61。

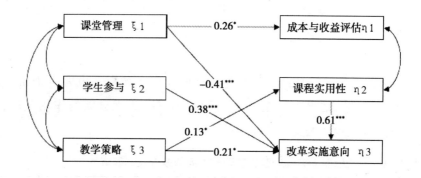

图 7 - 10　模型 M7 及其参数估计

注：＊表示 p < 0.05，差异显著；＊＊表示 p < 0.01，差异非常显著；＊＊＊表示 p < 0.001，差异极其显著。

第三节　小结

　　至此，笔者已经通过逐步的结构方程模型分析，验证得出了以下一些结论：教学效能中的课堂管理效能、学生参与效能、教学策略效能 3 个因子都能够对教师的课程改革实施意向产生显著的作用效应，具体的作用路径如下。

　　课堂管理效能通过两条路径显著作用于改革实施意向，一条路径为课堂管理效能显著正向作用于教师对课程改革的成本与收益评估，进而间接影响改革实施意向；另一条路径为课堂管理效能直接负向作用于教师的改革实施意向。

　　学生参与效能对成本与收益评估和课程实用性两个因子都不存在显著效应，而是直接正向作用于改革实施意向，学生参与效能越强，教师课程改革实施的行为意向也就相应地越强。

　　教学策略效能也是通过两条路径显著影响教师的改革实施意向，一条路径为教学策略效能显著地正向作用于课程实用性，进而间接地作用于改革实施意向；另一条路径为教学策略效能直接对改革实施意向产生显著的正向作用，教学策略效能越高的教师，越倾向于认同并实施课程改革。

第八章

教学效能与教学方式

教学方式是教师在长期的实践教学中所形成的一套相对稳定的教学模式，能使教师的工作方法形成独特风格，赋予教学方法以个人特质，也能影响学生掌握知识的个人特点①。本部分主要探讨西北地区农村中小学教师的教学效能与教学方式之间的关系，并且最终建立二者之间的结构方程模型。

第一节　教师的教学方式及其测量

一　变量简介

教学方式是教师在长期的实践教学中所形成的一套相对稳定的教学模式，能使教师的工作方法形成独特风格，赋予教学方法以个人特质，也能影响学生掌握知识的个人特点。

自 2001 年中国启动实施课程改革以来，便要求学生转变学习方式，即由传统的学习方式转变为自主、合作、探究等学习方式，而这对教师的内在要求即是，若要使学生真正转变学习方式，则作为学生学习引导者的教师，转变自身的教学方式则是一个首要的问题。甚至

---

① 顾明远：《教育大辞典》，上海教育出版社 1998 年版，第 1681 页。

可以说，如果教师没有真正意义上转变自身的教学方式，那么学生学习方式的转变也只是一场空谈而已。由此可见，面对新课程改革，教师转变教学方式势在必行、责无旁贷。既然教学方式如此重要，探讨教学效能与教学方式之间的关系则具有重要意义。

教师的教学方式究竟应该如何转向？在传统的课程体系下，比较强调以讲授法作为教师的唯一教学方式，学生端坐静听；但是随着新课程改革的实施推进，则要求教师应当由传统单一的授受教学方式转变为注重与学生互动、注重调动学生积极参与课堂的教学方式。

教师的课堂教学方式究竟是怎样的一种状况？是否按照新课程改革的精神而有所转变呢？这就需要一种有效的手段来对其进行评估。欲评估教师的课堂教学方式，比较可行的办法有两种。一种是观察法，通过对每个被试教师的课堂观察来评估其教学方式；而另一种办法则是通过问卷调查，让教师报告其教学中各教学方法运用的频次，最终通过一系列科学运算等评估其教学方式。第一种方法由于比较费时费力，因此在本研究中，笔者采用了第二种方法，即采用问卷的方法来评估教师的教学方式。

二　教师教学方式的测量及其质量评估

（一）预试《教师教学方式问卷》及其生成

为了测量评估教师的教学方式，笔者编制了《教师教学方式问卷》。对于问卷的生成，为了力求严谨，在程序上仍然经历了预试研究与正式研究两个阶段。在预试研究所使用的《教师教学方式问卷》主要参照了一批国外学者近些年在甘肃进行的"甘肃基础教育调查"研究项目中所开发使用的教师问卷[1]，并借鉴了近年来李子建、萧今、卢乃桂等3位香港学者[2]在内地进行的跨地区对比研究中的研究思路。

---

[1] Sargent, T. C. (2011). New Curriculum Reform Implementation and the Transformation of Educational Beliefs, Practices, and Structures in Gansu Province, *Chinese Education and Society*, 44 (6): 47–72.

[2] 李子建、萧今、卢乃桂：《经济转型期的高中教育——地区比较与学校类型比较》，教育科学出版社 2009 年版，第 47 页。

　　在此基础上，生成了预试的《教师教学方式问卷》。问卷在预试时共包括 19 题用于调查教师在课堂中一贯的教学方式，指导语为："本部分主要想了解您在上课时对各种教学方法的使用情况，请您在合适的选项上打'√'"，答案选项全部采用李克特式 5 点测度，选项分别为"极少使用"、"较少使用"、"一般"、"较多使用"、"大量使用"，相对应的赋值分别为 1、2、3、4、5。

　　通过对预试研究数据进行探索性因子分析（EFA），采用最大方差法进行正交旋转，最终共萃取出了 4 个特征根大于 1 的因子。具体的萃取结果及其对应的题项详见表 8 - 1。

　　运用探索性因子分析，共萃取出了主要的 4 个因子，但这也仅仅是数字意义上的因子，在社会科学研究中，因子与题项间的归属等关系问题还需要加以人为检视，如此才能使各题项既具备数学上的统计意义，也具备实践、实际中的现实逻辑意义。因此，在各题项的因子归属上，笔者以因子分析的数据为重要参考，同时对每道题项在其因子上的逻辑意义也一一进行了检视。

　　最终的处理结果如下：笔者将因子 1 中因子负荷最高的前 5 道题项提取出来作为，并仔细检视了题项的意义，将这个因子维度命名为

表 8 - 1　《教师教学方式问卷》预试后的探索性因子分析萃取结果

题项	因子 1	因子 2	因子 3	因子 4
师生课堂讨论	0.784		0.187	
让学生单独回答问题	0.625		- 0.272	
给学生提开放式问题	0.616	0.156	0.279	
鼓励学生形成自己的想法或者说出自己的理解	0.598		0.442	- 0.171
学生小组讨论	0.590	0.263	0.380	- 0.181
课堂练习	0.564		0.223	0.414

续表

题项	因子1	因子2	因子3	因子4
让学生自主地探究与研究性学习	0.506	0.151	0.502	−0.323
要求学生在教材中查找问题的答案	0.399	0.152	0.127	−0.114
让学生集体朗读教材		0.866		
学生背诵		0.855		
让学生单独朗诵教材	0.124	0.804	0.159	−0.204
角色表演	0.252	0.652	0.367	−0.130
让学生动手操作	0.118	0.171	0.764	−0.103
用教具进行演示教学	0.163		0.750	0.138
通过游戏进行教学	0.145	0.564	0.568	
使用电脑辅助教学	0.162	0.242	0.479	
课堂复习	0.252		0.123	0.785
让学生集体回答问题	−0.204			0.719
讲授	−0.253		−0.195	0.609

注：萃取方法——主成分分析法，旋转方法——最大方差法，迭代次数——4次。

"对话—启发式教学"；将因子3中的4道题项全部提出，并检视这个因子题项的意义，结果发现，这4道题主要涉及教师的演示与学生的参与体验，于是把因子2中的"角色表演"题项也加入到了本因子维度上，将本因子命名为"演示—体验式教学"；至于因子2和因子4，笔者检视了其中的题项，发现这些题项其实在意义上更多反映的是传统的以授受为主的教学方式，例如"讲授"、"课堂复习"、"学生背诵"等，于是笔者将这些因子中因子负荷较高的题项挑选出来，组合成为一个因子，将其命名为"授受—训练式教学"。

通过上述方法修订处理后的《教师教学方式问卷》最终包括了3个维度因子，共计16道题项（详见附录）。这个《教师教学方式问卷（16题）》即是最终用于正式调查研究，对教师的教学方式展开分析的测量工具。

（二）《教师教学方式问卷》在正式研究中的进一步修订

在正式研究中，笔者对研究工具的质量采用了结构方程模型中的验证性因子分析（CFA）进行评估。结果发现，如图8-1所示，3个因子之间的相关（完全标准化系数）分别为0.44、0.78、0.57，呈中等程度的相关，从这一点来讲结构效度是较为理想的。但是，从各题项的因子负荷来看，授受—训练维度中有3道题项的因子负荷过低，分别是第5题、第7题、第8题。此外，对话—启发维度中第6题的因子负荷也较低，据此笔者在后文中建构教学效能与教学方式的全模型时，将这4道因子负荷过低的题项予以剔除。

剔除了4道因子负荷过低的题项后，为检验其结构效度，笔者进一步对《教师教学方式问卷（12题）》进行了验证性因子分析（CFA），结果如图8-2所示，剔除4道题项后的《教师教学方式问卷（12题）》的结构效度较为理想，各题项的因子负荷都在0.40以上，符合有关的统计学标准，因子间的完全标准化系数分别为0.37、0.53、0.80，呈中等程度相关，符合有关的统计学标准。

再来考察拟合指数，表8-2显示了修订后的《教师教学方式问卷（12题）》的几个主要拟合指数：RMSEA为0.075，小于0.08，符合标准，NNFI、CFI分别为0.91、0.93，都大于0.90，也都符合标准。综合图8-2、表8-2的结果表明，《教师教学方式问卷（12题）》的质量较好，可以作为教师教学方式的有效评估工具。

表8-2　　　　　《教师教学方式问卷（12题）》的拟合指数

df	χ^2	RMSEA	NNFI	CFI
51	359.60	0.075	0.91	0.93

最后，再对修订后的问卷信度进行检验，问卷的整体信度系数 α 为0.835，信度良好；3个分量表授受—训练教学、演示—体验教学、对话—启发教学的信度系数分别为0.793、0.799、0.748，信度也都

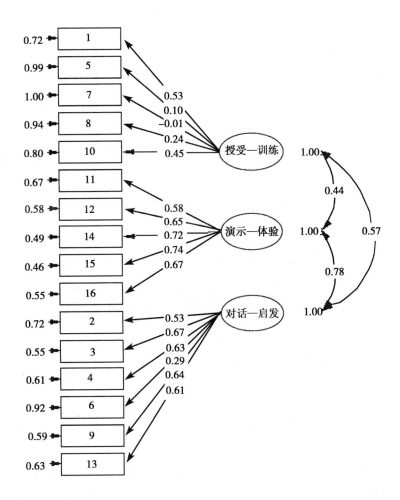

图 8 - 1　《教师教学方式问卷（16 题）》的结构效度

较好。

表 8 - 3　　　　　　　　《教师教学方式问卷》的信度系数

	总量表	分量表 1	分量表 2	分量表 3
题目数	12	2	5	5
α 系数	0.835	0.793	0.799	0.748

注：分量表 1 为授受—训练教学；分量表 2 为演示—体验教学；分量表 3 为对话—启发教学。

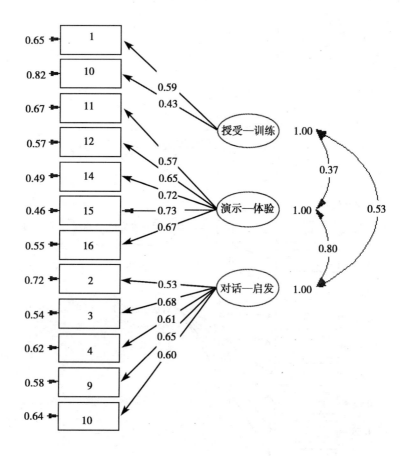

图 8 - 2　《教师教学方式问卷（12 题）》的结构效度

三　分析策略

至此，对教学方式的测量工具已经生成并且完成了修订，可以作为测量教师教学方式的有效工具。以下内容将着重就教师的教学效能与教学方式之间的关系、作用效应等展开结构方程模型分析。用于分析的数据样本来自 2011 年正式调查研究中的教师样本 A，有效样本数为 679 个。主要采用结构方程模型分析软件 LISREL8. 71 版本进行变量之间的模型建构。

第二节　教学效能与教学方式的结构方程模型分析

新课程改革内在的、必然的一个要求在于转变教师的教学方式，因此，在新课程改革的背景下，检视教学效能与教学方式之间的关系就具有重要意义。本部分将对二者之间的关系展开结构方程模型分析。

教学效能作为教师信念系统中的重要元素之一，能否对教师实际的教学实践，即教学行为方式产生显著的影响呢？如果能够产生显著的影响，其间具体的作用路径又如何呢？据此，笔者将通过结构方程模型分析对这些问题予以回应。

为了验证教学效能对教学方式是否会产生显著的作用效应，笔者设定了全模型 M8，其结构假设详见图 8−3。在 M8 全模型中，自变量为教学效能，主要包括课堂管理效能、学生参与效能、教学策略效能 3 个维度因子，在测量方程中将它们分别设定为，课堂管理效能为 ξ_1，学生参与效能为 ξ_2，教学策略效能为 ξ_3；因变量为教学方式，在结构方程中主要包括授受—训练、演示—体验、对话—启发 3 个因子，分别将它们设定为授受—训练 η_1、演示—体验 η_2、对话—启发 η_3。

在确定了自变量 ξ 和因变量 η 因子之后，在 LISREL8.7 中编写并执行如下命令：

DA NI = 23 NO = 679 MA = CM

CM FI = M30. COV SY

LA；1 10 11 12 14 15 16 2 3 4 9 13 FIVE1 FIVE6 FIVE7 FIVE8 FIVE2 FIVE3 FIVE4 FIVE5 FIVE9 FIVE10 FIVE12

MO NY = 12 NE = 3 NX = 11 NK = 3 PH = SY，FR PS = SY，FR TD = DI，FR TE = DI，FR BE = FU，FI GA = FU，FR

LE；JX YT DT

LK；KTGL XSDD JXCL

PA LY

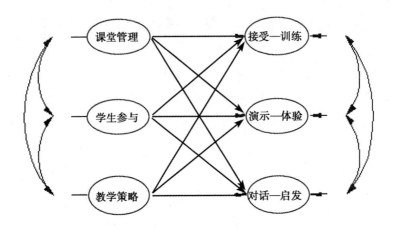

图 8 - 3 　模型 M8 假设结构示意图

2 （1 0 0）

5 （0 1 0）

5 （0 0 1）

PA LX

4 （1 0 0）

3 （0 1 0）

4 （0 0 1）

FI LY 1 1 LY 3 2 LY 8 3 LX 1 1 LX 5 2 LX 8 3

VA 1 LY 1 1 LY 3 2 LY 8 3 LX 1 1 LX 5 2 LX 8 3

PD

OU SS SC MI AD = OFF IT = 2000 RS

运行上述命令，最终得到了如下一些结果。首先，考察模型 M8
的拟合状况。表 8 - 4 显示，RMSEA 为 0.074，小于 0.08，符合标
准，NNFI、CFI 分别为 0.92、0.93，也都符合标准。拟合指数分析表
明模型 M8 结构合理，能够解释教学效能对教学方式所产生的作用
效应。

表 8 – 4 　　　　　　　　　　模型 **M8** 的拟合指数

df	χ^2	RMSEA	NNFI	CFI
215	1021.71	0.074	0.92	0.93

表 8 – 5　　**模型 M8 外源—内生潜变量的因子效应及其显著性**

		$\xi1$ 课堂管理效能	$\xi2$ 学生参与效能	$\xi3$ 教学策略效能
$\eta1$ 授受—训练	效应值（未标准化）	– 0.01	– 0.03	0.17 *
	标准误	0.09	0.05	0.08
	t 值	– 0.13	– 0.65	2.12
$\eta2$ 演示—体验	效应值（未标准化）	– 0.42 * * *	0.24 * * *	0.27 * * *
	标准误	0.09	0.05	0.08
	t 值	– 4.47	4.84	3.62
$\eta3$ 对话—启发	效应值（未标准化）	– 0.14 *	0.04	0.34 * * *
	标准误	0.06	0.03	0.06
	t 值	– 2.20	1.09	5.52

注：$|t| > 1.96$ 时，* $p < 0.05$；$|t| > 2.58$ 时，* * $p < 0.01$；$|t| > 3.29$ 时，* * * $p < 0.001$；后同。

其次，考察教学效能的 3 个因子对 3 种不同教学方式的因子效应。表 8 – 5 显示出如下一些信息。

第一，课堂管理效能对演示—体验教学、对话—启发教学方式具有显著的负向效应，这意味着过高的课堂管理效能会削弱教师的演示—体验教学和对话—启发教学的取向。

第二，学生参与效能对演示—体验教学具有非常显著的正向效应，这说明提高教师的学生参与效能将有助于教师更多地采用演示—体验教学。

第三，教学策略效能对授受—训练、演示—体验、对话—启发 3 种教学方式都有显著的正向效应。另外，相比较而言，教学策略效能对演示—体验、对话—启发两种教学方式的效应系数显著性（t = 3.62，t = 5.52）要大大高于教学策略效能对授受—训练教学方式的效应系数显著性（t = 2.12）。这说明，虽然教学策略效能同时能够显著地对 3 种不同的教学方式产生影响，但是对演示—体验、对话—启发两种教学方式的影响相对更大一些。

最后，教学效能对教学方式之影响的结构方程分析如图 8 - 4 所示。教学效能的 3 个因子都对教学方式产生显著的作用效应，但是效应强弱有所不同。

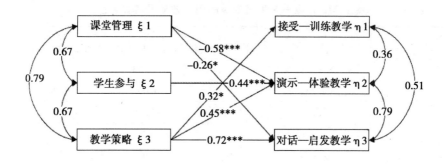

图 8 - 4　教学效能对教学方式的作用效应结构图①

在所有显著的效应系数中，值最大的是教学策略效能对对话—启发教学的影响，完全标准化效应系数高达 0.72，而且极具显著性；教学策略效能对演示—体验教学的完全标准化效应系数也非常强劲，为 0.45，也极具显著性，这说明提升教师的教学策略效能，可以有效地促成其教学方式转变为与新课程改革相适应的演示—体验教学和对话—启发教学。当然，结构方程的分析结果也表明，教学策略效能的提升也会使授受—训练教学得到一定程度的强化，但是其显著性、完全标准化效应系数都不如对其他两种教学方式的影响大，所以大可不必担心教学策略效能的提升会过度强化授受—训练教学；学生参与效能对演示—体验教学的完全标准化效应系数为 0.44，非常显著；课堂管理效能对演示—体验教学和对话—启发教学都具有负向效应，完全标准化效应系数分别为 - 0.58、 - 0.26。

---

① 为使结构图更为简洁，并且突出显著的路径作用，图中未显示不显著的路径；另外，图中的所有路径系数（包括相关系数）都是最终的完全标准化参数估计。

第九章

教学效能的研究结论、对策建议及反思

在之前的研究结果中，主要探讨了西北地区农村教师教学效能的总体现状、教学效能在个体背景变量上的差异，此外还通过结构方程模型探讨了教学效能对其课程改革认同、教学方式的作用效应等，本部分主要对论文的研究结果进行总结回顾，并就研究结果展开讨论以及提出一些针对性的对策建议，最后还将对本研究进行一定的反思。

第一节 研究结论与讨论

一 教学效能的测评工具

经甄选比较，霍伊的教学效能量表具有较好的信度与结构效度，可以作为中国教师教学效能的测评工具。

古语有云："工欲善其事，必先利其器。"若要对中国教师的教学效能进行细致、深入的研究与科学的监测，找到教师教学效能及其结构维度的有效测量工具则是一项非常有意义的奠基性工作。

本研究通过对霍氏与侯氏各自开发的教学效能量表进行比较，综合运用多种统计指标，最终认为，霍氏的教学效能量表更具本土适切性，而且量表在多个阶段、多个样本中的施测质量都较为稳定，拟合指数也都较为理想，因此，笔者建议在今后其他同类研究中推广使用此量表。如此，一方面可以继续检验此量表的本土适切性与质量好坏，更为重要的是，通过使用统一的测量工具，可以使得不同地区、不同阶段、不同民族之间的教师样本具有可比性，从而有助于教学效能的知识累积，完善中国教学效能的知识系统。

此外，还有一个值得注意的问题。在对霍氏量表的验证性因子分析中，笔者发现，教学效能的 3 个维度因子之间的相关系数较高。这 3 个因子间的相关在霍氏的研究中介于 0. 46 至 0. 61 之间①，但是在本研究中因子间相关系数偏高。起初，笔者以为这是测量误差与不稳定所致，属正常现象，可能在之后的测量中就不会再出现此问题了。但是通过对几个阶段的不同样本分析发现，教学效能 3 个维度因子相关系数较高的现象在多次施测获得的样本中，有着惊人的相似性。教学效能 3 个维度因子的相关系数较高，实际上反映出 3 个因子具有统合性，亦即课堂管理、学生参与、教学策略三方面的效能统合趋势较强。对此，笔者认为这种现象很可能与中国人特有的传统思维方式有关。

有学者指出，华人特有的思维方式是一种"辩证整体主义"，概念是彼此依赖的，很难将其独立与分离出来②，亦即习惯于对事物做整体性的思考，而很难把某一要素提取出来单个地予以考量。教学效能作为教师的信念系统，很可能也受到此思维方式的影响，因而 3 个因子之间的相关就比较高。有关这一问题尚需在后续的研究中继续验证与思考。

二 教学效能的总体现状

西北地区农村教师的教学效能总体上处于中等偏上的水平，但是从具体的情况来看，教学效能较强的教师仅占 18. 3%，尚不足两成。

本研究发现，从整体情况来看，西北地区农村教师的教学效能总体上处于中等偏上的水平，这说明中国西北农村地区的大多数教师都

① Tschannen - Moran, M. , & Woolfolk Hoy, A. （2001）. Teacher Efficacy: Capturing An Elusive Construct. *Teacher and Teacher Education*, 17, 783 - 805.

② 翟学伟：《人情、面子与权力的再生产》，北京大学出版社 2005 年版，第 52—59 页。

能够胜任专业工作，能够有效能地开展课堂教学。但是从具体的情况来看，教学效能较强的教师仅占 18.3％，尚不足两成，这一比例还有很大的提升空间。

当前，在西方发达国家都已经纷纷将教学效能纳入到教师的核心素质当中，中国的不少学者也对此持赞同意见，教学效能的重要性是越来越多的学者们的一个共识。尽管教学效能是如此重要，但是在中国西北农村地区，教学效能较强的教师所占的比例不到两成，这实在是一个不容忽视的问题，应当通过教师教育来提升与加强西北地区农村教师的教学效能。

三　课堂管理效能、教学策略效能与学生参与效能

西北地区农村教师的课堂管理效能较强，教学策略效能尚可，但是学生参与效能不足。

从教学效能的各个维度来看，课堂管理和教学策略两个维度的均分分别为 6.49、6.33，都相对较高，而学生参与的均分则与前二者相比有较大差距，仅为 5.75，这说明西北地区农村教师的课堂管理效能较强，教学策略效能也尚可，但是调动学生积极互动的效能则相对欠缺。这种效能现状是一个值得反思的问题。

长期以来，在中国的课堂教学中，教师们大多秉持着"忠实主义"取向[1]的传统教学观念，多数教师认为所谓教学就是简单地通过言语来传递知识，理想的（也是传统的）课堂教学模式就是教师口若悬河，学生端坐静听。在这样的理想（传统）教学模式中，管理、秩序、服从等话语实际上就成了教师课堂教学观念中的潜意识，在无形之中影响着教师的教学理念与行为。

教师授受、学生静听的传统课堂教学模式长此以往，一方面强化了教师的课堂管理效能，使他们乐于"管"、善于"管"；另一方面又忽视与削弱了教师的学生参与效能，使他们厌于"调"、难于

---

① 熊川武、周险峰：《解放教师的课程创生之路——评〈教师与课程：创生的视角〉》，《教育研究》2010 年第 4 期，第 110—111 页。

"调";反过来,这种得到强化的课堂管理效能和被削弱的学生参与效能,又会强化教师的传统教学模式。从这个角度也就不难理解,当前教师的教学效能中,为什么课堂管理效能是最强的一个维度因子,而学生参与效能则是教师的一大弱项。

四　教龄与教学效能

教龄与教学效能以及教学效能中的课堂管理、学生参与、教学策略3个维度都呈显著正相关,教师的教学效能会随着教龄的不断增长而相应地增长。

教龄是教师教学经验和职业生涯发展阶段的重要指标,考察教师教学效能的教龄分布特征具有重要意义。本研究发现,随着教龄的增长,教师的教学效能也会相应地提升。这一研究结果与俞国良、辛涛、申继亮3人的研究结果[①]以及屈卫国的研究结果[②]相一致。

班杜拉在其自我效能理论中指出,动作性掌握经验是个体效能的重要来源之一。动作性掌握经验是以真实的熟练经验为基础的,所以它是最具影响力的效能信息来源[③]。从班杜拉的效能理论来看,随着教龄增长而不断增长的教学经验实际就是一种典型的动作性掌握经验。教师动作性掌握经验的不断增强,将有助于提升教学效能。

但是,对于这一研究结果,应当予以辩证地看待。班杜拉指出,行为表现成功一般能够提高个人的效能信念,反复失败则会降低效能,特别当失败发生在事物的早期阶段更是如此[④]。这就是说,在入职的初期阶段,教学经验的增长并不一定总是带来教师教学效能的增长,如果新教师最初入职的学校整体环境较好,学生也比较上进、

---

① 俞国良、辛涛、申继亮:《教师教学效能感:结构与影响因素的研究》,《心理学报》1995年第27卷第2期,第159—166页。

② 屈卫国:《教师教学效能感与教学效果的关系》,《教育科学》1999年版4期,第42—44页。

③ 〔美〕A.班杜拉:《思想和行动的社会基础——社会认知论》,林颖、王小明、胡谊、庞维国译,华东师范大学出版社2000年版,第563页。

④ 〔美〕A.班杜拉:《自我效能:控制的实施》,缪小春、李凌、井世洁、张小林译,华东师范大学出版社2003年版,第115页。

"好教"，那么新教师由于在最初体验到了积极的动作性掌握经验，因而会大大提升教学效能。但相反地，如果新教师最初入职的学校整体环境较差，学生生源相对较差、"难教"，那么新教师就会在效能成长的关键时期经历消极的动作性掌握经验，这就会大大削弱教学效能。

研究还发现，在教学效能的 3 个维度中，与学生参与效能、教学策略效能相比，教师的课堂管理效能在入职的最初几年里将会大幅度上升（上升坡度较陡）。这就说明，新教师入职后会迅速地习得课堂管理经验，提升课堂管理效能。这也反映出，新教师在入职后其专业关注的焦点主要集中在课堂管理方面，而相对忽视教学策略和学生参与方面的效能。换言之，教师入职之后，在课堂教学中最为首要考虑的一个问题就是如何保持课堂纪律，如何管住学生，而至于调动学生积极参与课堂、灵活运用教学策略这些问题则不是新教师最初入职后关注的重点。这种过分关注课堂管理效能的后果，在之前的部分中已经剖析过了，在此不再赘述。

五 教学效能的性别差异

西北地区农村教师的教学效能存在显著的性别差异，男教师的教学效能显著地高于女教师。

研究表明，从整体来看，男教师的教学效能显著地高于女教师，从各个分维度来看，男教师在课堂管理效能、学生参与效能、教学策略效能 3 个方面也都显著地高于女教师。对于这种显著差异，笔者认为这一现象的原因与中国的传统文化有关。

中国自古以来就形成了一种男女有别、男尊女卑的传统文化观念，虽然新中国成立后的几十年来，全社会都一直在倡导男女平等，但实际上男女之间的刻板印象、性别文化差异还是广泛存在，男尊女卑的传统观念在进入现代社会后也并无多大实质性的转变。

在这种男女有别、男尊女卑传统文化观念的潜意识支配下，男教师更易于在学生面前化身为权威符号，也更易于把自己加工为权威、强势的形象，这种心理历程就会大大加强男教师的教学效能。相比而言，女性往往以柔弱的形象出现，她们更强调自我隐逸，这就不利于化身为权威符号，同时女性的亲和力往往较强，这也弱化了她们在学生面前权威、强势的形象，因而女教师的教学效能就会相对低于男教师。另外，笔者在另一项研究中证实，传统文化中的权威取向的确能够通过影响教师的教学理念进而影响到教师的教学方式①，这也为此处的解释提供了部分佐证。

六 班主任与普通教师的教学效能差异

班主任的教学效能显著地高于普通教师，从各维度来看，班主任的课堂管理效能、学生参与效能、教学策略效能也都显著地高于普通教师。

在学校教育生活中，与普通任课教师相比，班主任与本班学生接触相对密切、交往相对频繁。班主任负责一个班级全体学生的思想、学习、健康和生活等，是一个班集体的组织者、领导者和教育者，也是一个班级中全体任课教师教学、教育工作的协调者。这些任务角色都使班主任比普通教师能够获得更多的实践锻炼机会，从而使班主任体验到更多的成功效能经验，这些效能经验最终就会强化班主任的教学效能，因而班主任的教学效能也会大大强于非班主任的普通教师。

另外，通过对比发现，班主任与普通教师差异最大的是课堂管理效能，其次是学生参与效能。班主任的课堂管理效能、学生参与效能显著地高于普通教师，这也与班杜拉的效能理论是吻合的。班主任由于在日常教育教学活动中的一个重要任务是管理好本班的学生，并与学生沟通、协调，以促进学生的学业，这就使得班主任会获得更多的有关课堂管理与学生沟通、调动方面的动作性掌握经验，从而最终提升课堂管理效能和学生参与效能。

七 小学、初中、高中教师教学效能的比较

小学教师和初中教师的教学效能基本持平，而高中教师的教学效

---

① 赵志纯：《传统文化中的权威取向对教师教学理念与教学方式的影响研究——基于结构方程模型的实证分析与理论探讨》，第八届国际研究生"当代中国"研讨会，中国香港，2011年。

能低于小学和初中教师。

研究发现，从整体上来看，小学教师和初中教师的教学效能基本持平，而高中教师的教学效能低于小学和初中教师，这很可能与职业压力有关。在之前的文献综述部分，已经发现有许多研究就职业压力与教学效能之间的关系进行了探讨，很多研究都表明，职业压力与教学效能之间存在着相互作用。

为此，笔者也在本研究中对教师的教学效能与职业压力进行了相关分析，结果表明二者之间存在显著的负相关（r = 0.158，p < 0.001），亦即职业压力的增大会削弱教师的教学效能。

从这个角度来讲，小学、初中阶段的教师面对的升学压力相对较小，这有助于他们在一种相对宽松的氛围中开展教学工作，因而有助于保持他们的教学效能。而高中阶段师生都要共同面对高考这座"大山"，因而在高中内更易形成一种"喘不过气"的紧张氛围，其压力可想而知。这种压力巨大的教学氛围会在一定程度上削弱教师的教学效能，这就导致高中教师的教学效能要低于小学和初中教师。

研究发现，初中教师的课堂管理效能显著高于小学教师和高中教师，这很可能与各阶段学生的特点不同有关。在中国广大农村地区，特别是西北农村地区，学前教育才刚刚开始规划发展，尚未大面积普及，进入小学的农村孩子们在之前基本未接受过任何制度化的教育，因此小学生们在适应课堂教学，特别是课堂纪律方面就会产生一些问题。小学生的自制力比较差，他们在课堂上的小动作较多，也不易长时间安静下来把注意力集中在课堂上。

从某种角度来说，小学生比中学生更难以"应付"，小学教师实际上要把相当一部分精力放在维持课堂纪律上，即便如此，在课堂纪律方面也可能只是"出力不讨好"、收效甚微。如此就会导致小学教师课堂管理效能低于中学教师。

研究还表明，高中教师的课堂管理效能显著低于初中教师。笔者认为，这主要与高中的班额有关。已有的研究表明，较小的班额能够提高教育产出①。

班额能够对教师的教学效能产生影响，过大的班额会削弱教师的教学效能。为此，笔者统计了本次调研中样本学校的平均班额，结果发现初中的平均班额为47人，而高中的平均班额则为68人，高中平均班额比初中要多44.7%。目前，农村学校正在进行结构性布局调整，由此产生了许多"巨型学校"②，这种巨型学校的班额往往较大，显然学生越多越不易协调，正所谓"众口难调"，过大的班额对教师的课堂管理、学生参与、教学策略都会产生不利影响。

研究还发现，在学生参与方面，随着学段的升高，教师的学生参与效能呈下降趋势，高中教师的学生参与效能低于初中教师，初中教师又低于小学教师。这一方面与班额有关，上文已经做了分析，另一方面，也与学生的学业动机有关。在笔者的另一项研究当中发现，西北地区农村中学生的学业动机随着年级升高而呈现下降的趋势。这意味着，年级越高，教师面对调动学生学业动机与积极性的挑战就越大，教师越可能陷于"束手无策"之境。因此，在各个学段上的表现就是，高中教师的学生参与效能低于初中教师，初中教师又低于小学教师。

研究表明，在教学策略方面，随着学段的升高，教师的教学策略效能呈现轻微的下降趋势，教学方法可能更趋于单一化，这也很可能与考试升学压力有关。新课程改革内在地要求教师转变教学方式，灵活地运用多种策略进行课堂教学。在中国，已经普及了九年义务教育，小学与初中之间的升学考试取消了，在这种情况下，小学教师更易于从考试分数的束缚中解放出来，大胆尝试新的教学方法，因而他们的教学策略效能也就更高。

相比之下，初中、高中教师就不那么幸运了。当前，在初中和高中内，不少学校仍然是以升学率、分数等作为学校教育的唯一目标，

---

① Lee, J. W., & Barro, R. J. (1997). *Schooling Quality in A Cross Section of Countries.* Cambridge：National Bureau of Economic Research.

② 万明钢、白亮：《"规模效益"抑或"公平正义"——农村学校布局调整中"巨型学校"现象思考》，《教育研究》2010年第4期，第36—39页。

置身其中的教师必然要面对沉重的考试压力，不敢轻易拿学生的分数成绩去冒险，因而面对革新的教学方法与多元的教学策略时，他们就会更趋于保守，依然采取传统旧式的教学方法与策略，这就导致他们的教学策略效能低于小学教师。另外，到了高中阶段，教师与学生都"万众一心"，只为翻越高考这座大山，教师们更是整天以"军训"、"操练式"的方法向学生们进行"填鸭"，教学方法更加趋于单一化，试问教师的教学策略效能又怎能不随着学段的升高而逐级降低呢？

八 县城教师与乡村教师的教学效能比较

县城教师与乡村教师在课堂管理维度上存在显著差异，县城教师显著地低于乡村教师。

县城教师与乡村教师在教学效能方面无显著差异，但是在课堂管理维度上存在显著差异，县城教师显著地低于乡村教师。笔者认为，这主要与两方面原因有关。一方面很可能与环境特征有关，在县城的学校通常周围环境较为复杂，学生的外界干扰因素相对较多，因而学生相对更难管理，县城教师的课堂管理效能也就相对低于乡村教师。另一方面很可能与班额有关，之前已经解释过，班额过大不利于教师的教学效能，通常情况下，县城学校的人数规模大于乡村学校的人数规模，县城学校的平均班额也大于乡村学校的平均班额，因而使得学生相对难于管理。

九 职称与教学效能

随着职称的提高，小学教师的教学效能以及课堂管理效能、学生参与效能、教学策略效能3个维度都呈现递增的趋势；中学教师的情况与小学教师不同，不同职称的中学教师在教学效能方面并无显著差异，在3个维度中，仅在课堂管理方面，不同职称的中学教师存在显著差异。

随着教师职称的提高，学校教师的教学效能以及各维度都呈现递增的趋势，亦即职称较高的教师其教学效能也相对较高。从教学心理学的角度来讲，职称实际可以被看作是一种心理强化物，它既可以为教师带来实际的好处，例如比其他职称较低的教师拿到更多的工资，同时它也可以为教师带来心理上的满足感与优势感，进而强化教师的工作热情和教学自信心，这都有助于教学效能的提升，因而在小学阶段，职称相对较高的教师其教学效能也相对较高。

但是对于中学教师而言，即便职称也具有像小学教师那样的强化功能，由于中学教师面对的升学压力更大，这就会导致他们在教学方法策略上很难有所突破革新，枯燥、单一的教学方法将导致学生学习积极性的下降，因而大大削弱了中学教师的学生参与效能和教学策略效能，这就使得不同职称的中学教师仅仅在课堂管理效能上具有显著差异，而在学生参与与教学策略效能方面并不会随着职称的提高而提高。

十　教研组长与普通教师的教学效能差异

教研组长的教学效能以及各维度——课堂管理效能、学生参与效能、教学策略效能都显著地高于普通教师。

教研组长是一所学校中某一任教科目教师中的骨干与精英，从理论上讲，教研组长的教学效能理应比普通教师强。本研究也通过实证证明了这一点，教研组长在教学效能以及各维度上都显著地强于普通教师。这个结论实际上也从另一个角度证明了本研究所使用的教学效能量表在实际应用中具有很好的区辨效度（differential validity）①。

十一　不同文化区域的教师教学效能差异

不同文化区域的教师在教学效能上存在显著差异。汉文化区教师的教学效能显著地高于藏文化区和回文化区的教师；从分维度来看，汉文化区教师的课堂管理效能、教学策略效能也都显著地高于藏文化区和回文化区的教师。

---

① 好的测量工具除了反映测量特质的内容之外，另一个重要的功能是鉴别个别差异，这种个别差异可以成功地从测量工具中区分出来，此时就说明这个测量工具具有良好的区辨效度。具体可详见邱皓政《量化研究与统计分析——SPSS中文视窗版数据分析范例解析》，重庆大学出版社2009年版，第290页。

研究表明，汉文化区教师的教学效能显著地高于藏文化区和回文化区的教师，藏文化区与回文化区的教师之间无显著差异。在课堂管理效能和教学策略效能上，同样也是汉文化区教师显著高于藏文化区和回文化区教师，藏文化区与回文化区之间无显著差异。在学生参与效能方面，3 个文化区域的教师无显著差异。

教学效能是师资素质、师资水平的一项重要指标，藏文化区和回文化区教师的教学效能都显著地低于汉文化区的教师，这实际上反映出了少数民族地区与汉族地区在师资素质、师资水平上的差距。中国是一个多民族国家，特别是在西北地区，民族成分复杂。长期以来，由于受到自然、经济、历史、文化等因素的制约，民族地区的教育发展相对滞后，从本研究的结果来看，这种滞后性也反映在教师的教学效能上。另外，在学生参与效能方面，三个文化区域的教师无显著差异，这再一次敲响警钟，即学生参与效能较弱是中国西北地区农村教师的一个"通病"，这是应当特别引起重视的一个问题。

十二　文理科教师教学效能的差异

文科教师的教学效能显著低于理科教师，文科教师在课堂管理、学生参与与教学策略 3 个维度上的均值也都显著低于理科教师。

研究发现，文科教师的教学效能显著低于理科教师，文科教师在课堂管理、学生参与与教学策略 3 个维度上的均值也都显著低于理科教师。这种现象很可能反映了以下几方面的深层次原因。

第一，从学生的角度来讲，目前"重理轻文"的错误思想仍未肃清，学生们对文科科目的学习相对较为轻视，认为文科好学，自己看书就能懂，因而在课堂上学生们缺乏参与意识，学习的积极主动性较差，这就大大增加了文科教师的教学难度，从而导致文科教师教学效能的削弱。

第二，从学科特点来讲，文科相对好教一些，但是要真正把文科"教活"、教好、教精彩，对教师确实是个不小的挑战。自我效能理论则指出，过高的任务难度可能会削弱个体的效能水平。文科的课程内容大多涉及较多的文字材料，教师易于陷入"动动嘴皮子"、照本宣科的怪圈，因此在文科的课堂教学中，若要灵活地运用各种教学策略、充分地调动学生，确实需要教师具备较高的教学水平与课堂驾驭能力，这就可能削弱文科教师的信心，进而削弱他们的教学效能。相比而言，理科的课程内容则更多地涉及一些技巧性、操作性较强的东西，这些就更易于吸引住学生，因而就会加强理科教师的教学效能。另外，根据班杜拉的效能理论，效能在一定情境中是可以迁移的。与文科教师"动动嘴皮子"不同，理科教师平常更多地"靠解题吃饭"，在成功求解各种难题的过程中，理科教师更多地找到了成就感，这种成就感是有助于强化个体效能的，因此理科教师很可能将解题等其他方面的效能部分地迁移到了教学效能之中，因而他们的教学效能也就比文科教师更高。

第三，文理科教师的教学效能差异也很可能与考试压力有关。以本研究抽样省（区）2011 年的高考分数线为例，甘肃第一批次录取线文科为 504 分，理科为 501 分，第二批次文科为 458 分，理科为 448 分；青海第一批次录取线文科为 430 分，理科为 380 分，第二批次文科为 380 分，理科为 331 分；宁夏第一批次录取线文科为 500 分，理科为 486 分，第二批次文科为 463 分，理科为 444 分。从这些数据可以看出，都是文科录取分数线高于理科，因此文科教师比理科教师的考试升学压力更大，这显然不利于文科教师的教学效能。

十三　背景变量对教学效能影响效应的标准化回归方程

背景变量对教学效能影响效应的标准化回归方程为：教学效能 = $0.156 \times$ 班主任 $+ 0.088 \times$ 教研组长 $+ 0.071 \times$ 理科教师 $+ 0.073 \times$ 汉族地区教师 $+ 0.062 \times$ 男教师。

对影响教师教学效能的个人背景变量进行多元回归分析，投入的 5 个自变量都显著地进入到回归方程当中，其重要性次序依次为班主任—普通教师、普通教师—教研组长、文—理科、汉—藏—回地区、性别。

特别值得注意的是，就个别背景变量的解释量来看，"班主任—普通教师"的解释力最强，其解释量为 3.1%，这说明担任班主任对提升教学效能很有帮助。另外，5 个背景变量能联合预测教师教学效能的 5.5%，最终得到的背景变量对教学效能影响效应的标准化回归方程为：教学效能 = 0.156 × 班主任 + 0.088 × 教研组长 + 0.071 × 理科教师 + 0.073 × 汉族地区教师 + 0.062 × 男教师。从这个回归方程可以看出，高效能教师的个人背景变量特征为：班主任、教研组长、理科教师、汉族地区教师、男性教师。

十四　课堂管理效能的作用路径

研究发现，课堂管理效能通过两条路径显著作用于改革实施意向，一条路径为，课堂管理效能显著正向作用于教师对课程改革的成本与收益评估，进而间接影响改革实施意向，在结构方程模型中的完全标准化效应系数为 0.26；另一条路径为，课堂管理效能直接负向作用于教师的课程改革实施意向，在结构方程模型中的完全标准化效应系数为 −0.41；并且，从完全标准化系数的强度（绝对值）来看，课堂管理对教师课程改革实施意向的作用效果更强劲（0.41 > 0.26）。另外，课堂管理效能也不利于教师实施演示—体验教学。

这一结果说明，教师的课堂管理效能既有必要加强，但同时也必须保持在一定的"度"之内，过分地强化教师的课堂管理效能将不利于教师推行和实施新课程改革。

在之前的分析中已经发现，在中国西北地区，农村教师的课堂管理效能是 3 个维度中相对最高的一个因子，这种较高的课堂管理效能一方面有助于提升他们的教学自信，从而提高他们对课程改革的成本与收益的评估，但同时也更要看到，较高的课堂管理效能易于教师"穿新鞋走老路"的惯性，阻滞他们按照新课程的要求革新教学，原因在于，过高的课堂管理效能往往使教师产生一种秩序至上的错误观念，即一味地以追求课堂秩序为唯一目的，为了有序而有序，在这种过分强大的课堂管理效能之下，教师要按照新课程改革的要求转变教学方式、引导学生自主学习以及师生之间要实现真正的互动就很困难。

实际上，课堂管理效能作为教学效能的一个维度，它只是一个必要的要素，它更多的是教师有效地达成课堂教学目标的手段，而绝不是目的本身。因此，本研究的这个结果证明，教师的课堂管理效能并非越强越好，过强的课堂管理效能将会使教师产生更多的传统课程"惯性"与"惰性"，从而削弱他们推行与实施新课程改革的意向。

十五　学生参与效能的作用路径

学生参与效能对成本与收益评估和课程实用性两个因子都不存在显著效应，而是直接作用于改革实施意向，学生参与效能越强，教师课程改革实施的行为意向也就相应地越强。此外，学生参与效能对演示—体验教学具有非常显著的正向效应。

研究表明，学生参与效能对课程改革实施意向具有显著的正向效应，结构方程模型中的完全标准化效应系数为 0.38，学生参与效能越强，教师课程改革实施的行为意向也就相应地越强。不仅如此，学生参与效能较高的教师也更倾向于采用演示—体验教学。

本次新课程改革的关键突破口之一在于学生学习方式的转变与教师教学方式的转变。学生要从原来的端坐静听，转变为在教师引导下的合作学习、自主学习、探究学习，显然，无论合作也好，自主也好，还是探究也罢，最根本的着眼点都是要让学生"动起来"，要让学生在课堂不仅带着耳朵，更要带着感情、带着体验在教师的引导下进行知识的建构，从而真正做到有意义的学习而非简单的机械学习。

教师也不能再是一味口若悬河地"唱独角戏"了，相应地，他们要充分调动学生的积极性，使学生真正参与到课堂教学中，与教师"同唱一台戏"。由此可见，在新课程的改革实施中，教师的学生参与效能对自身教学方式的转变以及学生学习方式的转变都具有重要意义，只有进一步地加强教师的学生参与效能才能有助于他们转变教学方式，深入推进实施新课程。

十六　教学策略效能的作用路径

教学策略效能也是通过两条路径显著影响教师的改革实施意向，一条路径为，教学策略效能显著地正向作用于课程实用性，结构方程模型的完全标准化效应系数为 0.13；另一条路径为，教学策略效能直接对改革实施意向产生显著的正向作用，结构方程模型的完全标准化效应系数为 0.21；教学策略效能对话—启发教学、演示—体验教学、授受—训练教学都有显著的正向效应。总之，教学策略效能越高的教师，越倾向于认同并实施课程改革。

另外，教学策略效能对对话—启发教学的影响，完全标准化效应系数高达 0.72，并且极具显著性；教学策略效能对演示—体验教学的完全标准化效应系数也非常强劲，为 0.45，也极具显著性，这说明提升教师的教学策略效能，可以有效地促成教学方式转变为与新课程改革相适应的演示—体验教学和对话—启发教学。当然，结构方程的分析结果也表明，教学策略效能的提升也会使授受—训练教学得到一定程度的强化，但是显著性、完全标准化效应系数都不如对其他两种教学方式的影响大，所以大可不必担心教学策略效能的提升会过度强化授受—训练教学。

总之，这一结论说明，欲使教师坚定地推进实施新课程，除了强调学生参与效能之外，还要特别提高教师的教学策略效能。教师只有具备更加灵活自如地运用各种教学策略的效能之后，才能更加有可能转变自身的教学方式，更多地采用演示—体验教学和对话—启发教学。实际上，新课程改革提高了对教师素质的要求，需要教师具备较高的课堂驾驭能力，具备各种灵活的教学策略，因而一旦教师的教学策略效能不高，那么出于规避风险的考虑，他们必然宁愿维持原有的课程模式与教学方法，从而拒斥新课程变革。

第二节 建议与对策

一 在现行的教师教育体系中设置教学效能的具体培养指标

在现行的教师教育体系中，应当设置教学效能的具体培养指标，把教学效能正式纳入到中国教师教育的核心范畴当中。教师教育是在终身教育思想指导下，按照教师专业发展的不同阶段，对教师实施职前培养、入职培训和在职研修等连续的、可发展的、一体化的教育过程。教师教育要取得真正意义上的成功，就必须拿出切实可行的操作性方案。笔者认为，教学效能的有关理论恰好提供了一种颇具启发性的视角。从教学效能的有关理论来看，教学效能包括教师的课堂管理效能、学生参与效能、教学策略效能 3 个维度，从操作性、可行性的角度来讲，这 3 个方面都是可操作、可把握的要素，因此，应当将这 3 个方面效能的提升纳入到职前教师教育以及在职教师培训的体系中加以重点考虑。

从本研究的结果来看，在西北农村地区，教学效能较强的教师尚不足两成，这一比例亟待提高。在当前的教师教育过程中，应当有意识地从这 3 个方面效能的提升来培养、培训我们的师资队伍。可以开发专门的、具有针对性的培养（培训）教材，例如如何更好地进行课堂管理，怎样才能较好地调动起学生的课堂参与积极性，怎样才能更为灵活多样地运用各种教学策略以取得较好的课堂教学效果。教师教育是有目的的放风筝，而不是无意识的打水漂，因此，笔者认为，在今后教师的教学能力培养中，应当紧紧抓住教师的教学效能这个主线，通过提升教师的教学效能来提高教师的整体素质与水平。

二　以自我效能理论为依据建立更为科学的教师培训机制

教师培训永远都是课程改革中的最根本性的环节之一。随着世界范围内教师教育的改革，教师的专业发展日益重要，教师不再是可以"一次成形"的工匠，而是要通过持续的再学习、再教育，不断提升专业素养，教师培训则是这一提升过程的重要途径。本研究显示，近些年教师培训的问题日益突出，因此有必要对当前的教师培训进行认真反思。笔者认为，在当前中国的教师培训机制中，培训设计缺乏一定的理论指导，实际上很有必要以班杜拉的自我效能理论以及教学效能的有关研究成果为指导，反思与审视中国西北地区的教师培训。

首先，在培训内容上，应当特别侧重培训与提升教师的学生参与效能和教学策略效能，课堂管理效能可以相对淡化一些。从本研究的结果来看，西北地区农村教师的课堂管理效能相对最强，教学策略效能次之，而学生参与效能最弱，这个结果启示我们，课堂管理效能可以说是我们教师的一大"强项"，不必再花大力气去强调与培训，在今后的教师培训中应当特别强调培养教师的学生参与效能和教学策略效能。本研究也已经证明，学生参与效能和教学策略效能对教师课程改革的实施意向和新教学方式的采用都具有显著的影响。因此，课程改革要继续深入推进，取得更大的成效，就必须要着力提升教师的学生参与效能和教学策略效能。

其次，在培训方式上，应当转变授受式、灌输式的培训方式。试想，在新一轮课程改革的背景下，教师培训的目的到底何在？答案很明确，其中很重要的一点就是培训教师转变教学理念和教学方式。但是，我们实际的培训做法却是值得反思的，我们的培训理念一方面强调教师要转变教学理念与教学方式，要与学生一起互动，要让学生参与到课堂中来，要关注学生的经验；另一方面我们的培训者却站在讲台上口若悬河地向教师们灌输着这些信息，被培训的教师们有的端坐静听，有的则是思绪早已飞到九霄云外，这实在是一种具有讽刺性的、自相矛盾的场景。应当懂得"身教胜于言传"，在培训的方式方法上就不能一味地空讲理论，而是要求培训专家设计好的活动，让教师能够"被调动"、"被参与"其中，使他们从中体验到、感悟出学生参与的真谛所在。参与式方法应该成为教师教育的一个重要手段，因为这种方法能够最大限度地调动教师的学习热情、已有经验和发展潜力，使他们真正成为自己学习的主人。目前的教师培训主要采用授受、"端坐静听"的方式，一方面要求新课程改革要改变一线教师的理念，转变他们的教学方式；另一方面在教师培训中又对他们采用传统的、旧式的授课方式，一味地进行单向灌输，教师无法参与其中，缺乏互动，因此，这是亟须改进的。

三　建立科学的职前教师实习机制

职前教师的实习对教师个人的整个职业生涯影响深远，从班杜拉的效能理论来看，动作性掌握（mastery experience）是重要的效能来源，在效能发展的早期阶段，亦即职前教师入职的实习阶段，成功的经验作为积极的体验，有助于提升教师的教学效能，而失败的经验则会挫伤教师的积极性，从而削弱他们的教学效能。

根据这一理论，应当尽量将职前教师分配到教学资源条件较好、生源较好的学校，并且要选择班额较小的实习班级，这有利于在教师职业生涯的初期保护他们的教学效能不受到挫伤。相应地，不宜将职前实习教师分配到教学资源较差、生源较差的学校，这不利于在职业生涯初期教师教学效能的塑造。当然，有关这一建议尚需进一步配合实验设计，通过实验组与对照组的对比研究来为此提供更多的实证依据。

四　进一步转变教师的教学观念

本研究发现，西北地区农村教师的课堂管理效能非常强，而学生参与效能相对较弱，这在很大程度上反映了教师并未转变教学观念。在传统的教学观念中把学生的学习简单地看作知识的单向传递，因此，特别强调教师对课堂的管制，教师天经地义地认为似乎只有在严格控制的课堂秩序中，才能完成知识的这种传递任务，显然这种教学观念相对忽视课堂上的师生互动。

实际上，有关教学观的研究表明，教学的本质更多的是交往[①]，知识习得的本质是体验参与，没有学生的体验与参与，知识是不能真正内化为学生自身的知识，也永远只是外在于学生的"身外物"。教师在课堂教学过程中，即便课堂秩序控制的再好，即便再口若悬河，离开了学生的积极体验与参与，也仍然是徒劳无效的。因此，教师要进一步积极转变原有的教学观念，要学会在课堂管理与学生的调动参与之间保持一种合理的张力。

五　尽快出台并启动实施中小学综合教育质量评价体系

应当继续加快教师评价机制改革的步伐，尽快出台并启动实施中

---

① 李定仁、张广君：《教学本质问题的比较研究》，《华东师范大学学报》（教育科学版）1997年第3期，第12—21页。

小学综合教育质量评价体系。本研究发现，由于受到考试分数压力的影响，对教师的教学效能产生了很多消极的作用。要从根本上解决这一问题，就必须进一步深化评价机制改革。评价体系是课程与教学的最终"风向标"，对学校的发展方向、教师的课堂教学和学生的成长发展，都具有强烈的导向性作用。因此，应当尽快研制与出台实施具有科学性的、综合性的教育质量评价指标体系，这个体系应当既不回避分数，但同时又要超越分数，综合全面地对一位教师、一所学校、一个地区的整体教育质量成效做出科学的评价。如此，才能从根本上扭转当前一切向分数看齐，一切以分数为唯一"指挥棒"的评价现状，扭转当前评价机制改革滞后、脱节于教师教育体系的现状。

六　进一步加快少数民族地区的师资水平建设

本研究结果显示，民族地区与普通地区教师的教学效能差异非常显著，并且课堂管理效能和教学策略效能差异也很显著。这一结果并非偶然。中国是一个多民族国家，特别是在西北地区，民族成分复杂。长期以来，由于受到自然、经济、历史、文化等因素的制约，民族地区的教育发展相对滞后，因此大力发展民族教育，对民族地区的师资队伍给予更多的关注，仍然是今后中国特别是西北地区教育发展中的一个重要攻坚点。

首先，要高度重视民族地区教师教学效能的培养，要把民族地区教师教学效能的培养、师资队伍的建设提升到各民族共同发展、共同繁荣的战略高度。

其次，要意识到民族地区教师教学效能的提高、师资队伍素质的加强需要付出更大的努力，各项措施要及时配套跟进，同时还要继续加大民族地区的教育投入，协调各方因素积极提升民族地区的师资水平。

最后，民族地区教师的教学策略效能非常显著地低于普通地区，这是尤其需要引起注意的，这实际上反映出了中国课程文化单一的深层次问题。在中国西北部，是一个以汉文化为主、多元文化相互交融的地区，这就要求基础教育课程也能够反映这种多元文化。因此，应当在保障国家课程为主体的前提下，大力发展地方课程，深度挖掘地方课程资源，整合地方课程文化，开发更具地方本土适切性的课程，如此才能从根本上使民族地区的教师产生更多的认同，进而提升其教学策略效能。

七　继续加大对农村教师队伍建设的投入力度与扶持力度

教学能力是教师素质的核心内容之一。当前，为了提高西北地区农村教师的教学水平，一种较为常见的做法是将这些农村教师送往城市或东部地区的高水平学校进行观摩、学习。这种做法的初衷是很好的，但是若要真正取得实效，还必须进一步加大投入与扶持力度，大力改善学校的软硬件环境才能取得实效。原因即在于，根据班杜拉的自我效能理论以及教学效能的研究启示，教师的教学效能只有在相同或相类似的环境中才能进行迁移。农村教师在观摩了城市或东部地区学校优质的课堂教学之后，会对自身所在学校的教学资源、教学设备等条件做出评估，如果他们发现自身所处学校的条件与观摩学校有较大差距，他们便会做出观摩学校远离自身所处学校实际的效能判断，从而无法形成效能迁移，最终使得观摩学习流于形式，不能取得实效；如果他们发现自身所处学校的条件与观摩学校相仿，他们便会产生"被观摩教师能做到的我也能做得到"的认知，从而形成效能迁移，改进自身的教学。因此，应当进一步调整教育投入比例，继续加强对西北地区农村教育的政策扶持，逐步改善西北地区学校的办学条件，提高教师的工资待遇、福利待遇等，逐步缩小东西部地区以及城乡之间的软硬件差距。一方面从硬件环境上着手，改善西北地区教师的从教环境、生存环境，提高教师工资、福利待遇；另一方面从软件上着手，为西北地区教师营造良好的发展空间，提供广阔的发展平台，如此才能为西北地区农村教师的教学效能发展与提升提供必要的基础性保障。

第三节　研究局限与反思

一　缺乏与城市样本的对比

本研究仅取样于西北农村地区，由于经费、精力所限，在本研究的取样上未能顾及城市的教师样本，因而无法进行城乡间的比较，研究样本较为单一，只能反映抽样地区中小学教师的教学效能状况，而这种状况是否与城市之间乃至其他地区是否存在差别？差别有多大？这些问题还需要进一步研究。

二　缺乏质化方法的补充

研究原本打算采用两阶段的方式进行，第一阶段采用量化方法，以问卷调查为主；在获取问卷调查信息并进行量化的数据分析之后，针对数据分析的结果进行第二阶段的有针对性的质化研究，如访谈、实物收集等方式来获取一些无法在问卷调查中获取的信息，以便为量化数据提供更有力的情境性的解释。但遗憾的是，由于研究进程太紧，再加上经费有限，最终质性的研究未能得以开展，这就使得本研究在结果的解释上出现了一些不可避免的局限。

三　需要进一步加强纵向研究

有关教师教学效能的因果模式，今后仍然需要进行进一步的探究。众所周知，纵向研究的数据收集难度远远大于横向研究，但是横向研究的方式却使得更为深入的因果关系的探究受到了限制。本模型中的很多因素间的关系结论都是基于横向研究的，在后续的研究中，要通过纵向数据追踪的研究设计对这些因素间的关系进行进一步验证。

四　后续研究将进一步探讨教师的集体效能

教师的集体效能是相对较新的一个研究领域。集体效能指的是，"群体对它具有组织和实行为达到一定成就水平所需的行动过程的联合能力之共同信念"①。与个体自我效能、教学效能强调的是个体层面不同，集体效能侧重于群体层面，是学校组织层面的一个重要变

---

① ［美］A. 班杜拉：《自我效能：控制的实施》，缪小春、李凌、井世洁、张小林译，华东师范大学出版社 2003 年版，第 684 页。

量。教师的生活不是与周围其他教师相隔离的，教师也不能完全依靠自己在"真空"中完成教学任务，相应地，他们需要得到学校管理者及周围其他教师的有力支持。由于目前集体效能的研究较新，笔者未能将其及时纳入到本研究的框架中，在今后的研究中，笔者将进一步着重对学校教师集体效能与教师个体教学效能之间的关系进行详细探讨。

参 考 文 献

中文文献

1. ［美］艾尔·巴比：《社会研究方法》，邱泽奇译，华夏出版社 2005 年版。

2. ［美］A. 班杜拉：《思想和行动的社会基础——社会认知论》，林颖、王小明、胡谊、庞维国译，华东师范大学出版社 2000 年版。

3. ［美］A. 班杜拉：《自我效能：控制的实施》，缪小春、李凌、井世洁、张小林译，华东师范大学出版社 2003 年版。

4. 丁刚：《日常教学生活中的教师专业成长》，《教育科学》2006 年第 6 期。

5. ［美］Frederick T. L. Leong、James T. Austin：《心理学研究手册》，周晓林、訾非、黄立、穆岩译，中国轻工业出版社 2006 年版。

6. 顾明远：《教育大辞典（第 6 卷）》，上海教育出版社 1992 年版。

7. 顾明远：《教育大辞典》，上海教育出版社 1998 年版。

8. 郭志刚：《社会统计分析方法——SPSS 软件应用》，中国人民大学出版社 1999 年版。

9. 贺雯：《教师教学风格的调查研究》，《心理科学》2005 年第 1 期。

10. 侯杰泰、温忠麟、成子娟：《结构方程模型及其应用》，教育科学出版社 2004 年版。

11. 胡德海:《教育学原理》,甘肃教育出版社 1998 年版。

12. 黄喜珊、王永红:《教师效能感与社会支持的关系》,《中国健康心理学杂志》2005 年第 1 期。

13. 黄喜珊:《中文"教师效能感量表"的信、效度研究》,《心理发展与教育》2005 年第 1 期。

14. [美] 库恩:《科学革命的结构》,金吾伦、胡新和译,北京大学出版社 2003 年版。

15. 李定仁、张广君:《教学本质问题的比较研究》,《华东师范大学学报 (教育科学版)》1997 年第 3 期。

16. 李荟、李茵、申继亮:《小学教师教学效能感特点研究》,《心理发展与教育》1998 年第 1 期。

17. 李锐、胡发稳、杜润萍、蒋礼:《西南边疆少数民族地区中学教师教学效能感特点的研究》,《民族教育研究》2004 年第 3 期。

18. 李夏妍、张敏强:《新课程背景下中学教师教学效能感相关因素研究》,《教师教育研究》2008 年第 1 期。

19. 李晔、刘华山:《教师效能感及其对教学行为的影响》,《教育研究实验》2000 年第 1 期。

20. 李永鑫、杨瑄、申继亮:《教师教学效能感和工作倦怠的关系》,《心理科学》2007 年第 4 期。

21. 李志鸿、任旭明、林琳、时勘:《教学效能感与教师工作压力及工作倦怠的关系》,《心理科学》2008 年第 1 期。

22. 李子建、萧今、卢乃桂:《经济转型期的高中教育——地区比较与学校类型比较》,教育科学出版社 2009 年版。

23. 李子建:《香港小学教师对课程改革的认同感:目标为本课程与常识科的比较》,《课程论坛 (香港)》1998 年第 2 期。

24. 李子江、段享贤:《西藏地区中学教师教学效能感特点的调查研究——以拉萨市中学为例》,《教育研究与实验》2009 年第 1 期。

25. 刘晓明:《职业压力、教学效能感与中小学教师职业倦怠的关系》,《心理发展与教育》2004 年第 2 期。

26. 刘毅、吴宇驹、刑强:《教师压力影响职业倦怠:教学效能感的调节作用》,《心理发展与教育》2009 年第 1 期。

27. 龙君伟、曹科岩:《教师组织公民行为与教学效能感的关系研究》,《心理科学》2006 年第 4 期。

28. 吕国光: 《教师信念及其影响因素研究》,西北师范大学,2004 年。

29. 毛晋平:《中学教师工作压力与教学效能感的关系》,《中国临床心理学杂志》2005 年第 4 期。

30. 孟勇:《中学教师应对方式、教学效能感与职业倦怠关系研究》,《心理科学》2008 年第 3 期。

31. 邱皓政:《量化研究与统计分析——SPSS 中文视窗版数据分析范例解析》,重庆大学出版社 2009 年版。

32. 屈卫国:《教师教学效能感与教学效果的关系》,《教育科学》1999 年第 4 期。

33. 邵瑞珍:《教育心理学》,上海教育出版社 1997 年版。

34. 盛建森:《教师学效能感研究对教师成长的启示》,《教育探索》2005 年第 1 期。

35. 石伟、连蓉:《教师效能感的理论及研究综述》,《心理科学》2001 年第 2 期。

36. 万明钢、白亮:《"规模效益"抑或"公平正义"——农村学校布局调整中"巨型学校"现象思考》,《教育研究》2010 年第 4 期。

37. 王嘉毅、吕国光:《西北少数民族基础教育发展现状与对策研究》,民族出版社 2006 年版。

38. 王嘉毅、赵志纯:《西北农村地区新课程适应性的纵向研究——基于 2003 年与 2011 年调查的实证分析》,《课程·教材·教法》2012 年第 1 期。

39. 王卫东:《结构方程模型原理与应用》,中国人民大学出版社 2010 年版。

40. 王蔚红:《国外教师职业生涯周期研究述评》,《集美大学学报》2008 年第 2 期。

41. 王振宏、王克静、游旭群、党怀兴:《教师效能、工作动机与心境对教学创新的影响》，《心理科学》2010 年第 5 期。

42. 吴明隆：《SPSS 统计应用实务》，中国铁道出版社 2000 年版。

43. 吴明隆：《问卷统计分析实务——SPSS 的操作与应用》，重庆大学出版社 2010 年版。

44. 辛涛、林崇德、申继亮：《教师教学监控能力与其教育观念的关系研究》，《心理发展与教育》1997 年第 2 期。

45. 辛涛、申继亮、林崇德：《教师个人教学效能感量表试用常模修订》，《心理发展与教育》1995 年第 4 期。

46. 熊川武、周险峰：《解放教师的课程创生之路——评〈教师与课程：创生的视角〉》，《教育研究》2010 年第 4 期。

47. 徐富明、申继亮：《教师的职业压力应对策略与教学效能感的关系研究》，《心理科学》2003 年第 4 期。

48. 徐富明、朱丛书、邵来成：《中小学教师的工作倦怠与其相关因素的关系研究》，《心理科学》2005 年第 5 期。

49. 颜明仁、李子建：《课程与教学改革：学校文化、教师转变与发展的观点》，教育科学出版社 2010 年版。

50. 杨国枢：《社会及行为科学研究法》，重庆大学出版社 2006 年版。

51. 杨中芳：《从主流心理学研究程序来看本土化的途径》，第五届华人的心理与行为科际研讨会，中国台北，2000 年。

52. 尹弘飚、靳玉乐、马云鹏：《教师认同感的结构方程模型》，《教育研究与实验》2008 年第 3 期。

53. 尹弘飚、李子建、靳玉乐：《中小学教师对新课程改革认同感的个案分析——来自重庆市北碚实验区两所学校的调查报告》，《比较教育研究》2003 年第 10 期。

54. 俞国良、罗晓路：《教师教学效能感及其相关因素研究》，《北京师范大学学报（人文社会科学版）》2000 年第 1 期。

55. 俞国良、辛涛、申继亮：《教师教学效能感：结构与影响因素的研究》，《心理学报》1995 年第 2 期。

56. 俞国良、辛涛、申继亮：《教师教学效能感：结构与影响因素的研究》，《心理学报》1995 年第 2 期。

57. 张学民、申继亮、林崇德：《小学教师课堂教学能力构成的研究》，《心理发展与教育》2003 年第 3 期。

58. 翟学伟、人情：《面子与权力的再生产》，北京大学出版社 2005 年版。

59. 赵福菓、黄希庭：《中学教师教学效能感的特点及其与自我概念的相关研究》，《心理科学》2002 年第 4 期。

60. 赵福菓、李媛：《中学教师教学效能感与心理健康水平的相关研究》，《心理科学》2002 年第 6 期。

61. 赵景欣、张娜、耿文侠、申继亮：《小学教师教学效能感与其归因反应模式的关系》，《教育学报》2005 年第 4 期。

62. 赵志纯：《传统文化中的权威取向对教师教学理念与教学方式的影响研究——基于结构方程模型的实证分析与理论探讨》，第八届国际研究生"当代中国"研讨会，中国香港，2011 年。

英文文献

1. Abele, A. E. and Spurk, D. (2009). The Longitudinal Impact of Self – Efficacy and Career Goals on Objective and Subjective Career Success. *Journal of Vocational Behavior*, 74.

2. Allinder, R. M. (1994). The Relationship Between Efficacy and the Instructional Practices of Special Education Teachers and Consultants. *Teacher Education and Special Education*, 17.

3. Anderson, R., Greene, M. and Loewen, P. (1988). Relationships Among Teachers' and Students' Thinking Skills, Sense of Efficacy, and Student Achievement. *The Alberta Journal of Educational Research*, 36 (2).

4. Armor, D., Conroy – Oseguera, P., Cox, M., King, N., McDonnell, L., Pascal, A., Pauly, E., & Zellman, G. (1976). *Analysis of the School Preferred Reading Program in Selected Los Angeles Minority Schools*. Report No. R – 2007 – LAUSD; ERIC Document Reproduction

No. 130 243. Santa Monica, CA: Rand Corporation.

5. Ashton, P. T. and Webb, R. B. (1986). *Making A Difference: Teachers' Sense of Efficacy and Student Achievement.* New York: Longman.

6. Ashton, P. T., Olejnik, S., Crocker, L., &McAuliffe, M. (1982). *Measurement Problems in the Study of Teachers' Sense of Efficacy.* Paper Presented at the Annual Meeting of the American Educational Research Association, New York, April.

7. Bandura, A. (1986). *Social Foundation of Thought and Action: A Social Cognitive Theory.* Englewood Cliffs, NJ: Prentice – Hall.

8. Bentler, P. M., Yuan, K – H. (1999). Structure Equation Modeling with Small Samples: Test Statistics. *Multivariate Behavioral Research*, 34.

9. Berman, P., McLaughlin, M., Bass, G., Pauly, E. and Zellman, G. (1977). *Federal Programs Supporting Educational Change. Vol. VII Factors Affecting Implementation and Continuation.* Report No. R – 1589/7 – HEW Santa Monica, CA: The Rand Corporation (ERIC Document Reproduction Service No. 140 432).

10. Bliss, J. and Finneran, R. (1991). *Effects of School Climate and Teacher Efficacy on Teacher Stress.* Paper Presented at the Annual Meeting of the American Educational Research Association, Chicago.

11. Borton, W. (1991). *Empowering Teachers and Students in A Restructuring School: A Teacher Efficacy Interaction Model and the Effect on Reading Outcomes.* Paper Presented at the Annual Meeting of the American Educational Research Association, Chicago.

12. Brookover, W., Schweitzer, J., Schneider, C., Beady, C., Flood, P. and Wisenbaker, J. (1978). Elementary School Social Climate and Student Achievement. *American Educational Research Journal*, 15.

13. Brouwers, A. and Tomic, W. (1998, July). *Student Disruptive Behaviour, Perceived Self – efficacy in Classroom Management and Teacher Burnout.* Paper Presented at the Ninth European Conference on Person-

ality, University of Surrey.

14. Brouwers, A. and Tomic, W. (2000). A Longitudinal Study of Teacher Burnout and Perceived Self – efficacy in Classroom Management. *Teaching and Teacher Education*, 16.

15. Brouwers, A. and Tomic, W. (2003). A Test of the Factorial Validity of the Teacher Efficacy Scale. *Research in Education*, 69.

16. Burley, W. W., Hall, B. W., Villeme, M. G. and Brockmeier, L. L. (1991, April) *A Path Analysis of the Mediating Role of Efficacy in First – year Teachers' Experiences, Reactions, and Plans.* Paper Presented at the Annual Meeting of the American Educational Research Association, Chicago.

17. Coladarci, T. (1992). Teachers' Sense of Efficacy and Commitment to Teaching. *Journal of Experimental Education*, 60 (4).

18. Czerniak, C. M. and Schriver, M. L. (1994). An Examination of Preservice Science Teachers' Beliefs and Behaviors as Related to Self – efficacy. *Journal of Science Teacher Education*, 5 (3).

19. DeMesquita, P. B. and Drake, J. C. (1994). Educational Reform and the Self – efficacy Beliefs of Teachers Implementing NonGraded Primary School Programs. *Teaching and Teacher Education*, 10.

20. Emmer & Hickman, (1991). Teacher Efficacy in Classroom Management and Discipline. *Educational and Psychological Measurement*, 51.

21. Enochs, L. G. and Riggs, I. M. (1990). Further Development of An Elementary Science Teaching Efficacy Belief Instrument: A Preservice Elementary Scale. *School Science and Mathematics*, 90 (8).

22. Enochs, L. G., Scharmann, L. C. and Riggs, I. M. (1995). The Relationship of Pupil Control to Preservice Elementary Science Teacher Self – Efficacy and Outcome Expectancy. *Science Education*, 79 (1).

23. Evans, E. D. and Tribble, M. (1986). Perceived Teaching Problems, Self – efficacy and Commitment to Teaching Among Preservice Teachers. *Journal of Educational Research*, 80 (2).

24. Fortman, C. K. and Pontius, R. (2000). *Self – efficacy During Student Teaching*. ERIC Document Reproductive Service No. ED 447103.

25. Fuchs, L. S. , Fuchs, D. and Bishop, N. (1992). Lnstructional Adaptation for Students at Risk. *Journal of Educational Research*, 86.

26. Ghaith, G. and Yaghi, M. (1997). Relationships Among Experience, Teacher Efficacy and Attitudes Toward the Implementation of Instructional Innovation. *Teaching and Teacher Education*, 13.

27. Gibson, S. and Dembo, M. (1984). Teacher Efficacy: A Construct Validation. *Journal of Educational Psychology*, 76 (4).

28. Glickman, C. and Tamashiro, R. (1982). A Comparison of First – year, Fifth – year, and Former Teachers on Efficacy, Ego Development, and Problem Solving. *Psychology in Schools*, 19.

29. Goddard, R. D. and Goddard, Y. L. (2001). A Multilevel Analysis of the Relationship Between Teacher and Collective Efficacy in Urban Schools. *Teaching and Teacher Education*, 17.

30. Guskey, T. R. (1981). Measurement of Responsibility Teachers Assume for Academic Successes and Failures in the Classroom. *Journal of Teacher Education*, 32.

31. Guskey, T. R. (1984). The Influence of Change in Instructional Effectiveness Upon the Affective Characteristics of Teachers. *American Educational Research Journal*, 21.

32. Guskey, T. R. (1987). Context Variables that Affect Measures of Teacher Efficacy. *Journal of Educational Research*, 81 (1).

33. Guskey, T. R. (1988). Teacher Efficacy, Self, Concept, and Attitudes Toward the Implementation of Instructional Innovation. *Teaching and Teacher Education*, 4.

34. Guskey, T. and Passaro, P. (1994). Teacher Efficacy: A Study of Construct Dimensions. *American Educational Research Journal*, 31.

35. Hall, B. , Burley, W. , Villeme, M. and Brockmeier, L. (1992).

An Attempt to Explicate Teacher Efficacy Beliefs Among First Year Teachers. Paper Presented at the Annual Meeting of the American Educational Research Association, San Francisco.

36. Ho, I. T. and Hau, K. T. (2004). Australian and Chinese Teacher Efficacy: Similarities and Differences in Personal Instruction, Discipline, Guidance Efficacy and Beliefs in External Determinants. *Teaching and Teacher Education*, 20.

37. Hoover – Dempsey, K. V., Bassler, O. C. and Brissie, J. S. (1992). Parent Efficacy, Teacher Efficacy, and Parent Involvement: Explorations in Parent – School Relations. *Journal of Educational Research*, 85 (5).

38. Hoover – Dempsey, K., Bassler, O. C. and Brissie, J. S. (1987). Parent Involvement: Contributions of Teacher Efficacy, School Socioeconomic Status, and Other School Characteristics. *American Educational Research Journal*, 24.

39. Housego, B. (1990). A Comparative Study of Teachers' Feelings of Preparedness to Teach. *Alberta Journal of Educational Research*, 36.

40. Hoy, W. K. and Woolfolk, A. (1990). Socialization of Student Teachers. American *Educational Research Journal*, 27 (2).

41. Hoy, W. K. and Woolfolk, A. E. (1993). Teachers' Sense of Efficacy and the Organizational Health of Schools. *Elementary School Journal*, 93.

42. Hu, L., Bentler, P. M. (1999). Cutoff Criteria for Fit Indexes in Covariance. *Structural Equation Modeling*, 6 (1).

43. Klassen, R. M., Bong, M., Usher, E. L., Chong, W. H., Huan, V. S., Wong, I. Y. F. and Georgiou, T. (2009). Exploring the Validity of A Teachers' Self – efficacy Scale in Five Countries. *Contemporary Educational Psychology*, 34.

44. Knoblauch, D. and Woolfolk Hoy, A. (2008). "Maybe I Can Teach Those Kids." The Influence of Contextual Factors on Student Teachers'

Efficacy Beliefs. *Teaching and Teacher Education*, 24.

45. Larson, M. L. (1998). *Meaning - based Translation: A Guide to cross - Language Equivalence*. Lanham MD: University Press of America.

46. Lee, J. W. and Barro, R. J. (1997). *Schooling Quality in A Cross Section of Countries*. Cambridge: National Bureau of Economic Research.

47. Lee, V. E. , Dedrick, R. and Smith, J. (1991). The Effect of the Social Organization of Schools on Teachers' Efficacy and Satisfaction. *Sociology of Education*, 64.

48. Midgley, C. , Feldlaufer, H. and Eccles, J. (1989). Change in Teacher Efficacy and Student Self - and Task - related Beliefs in Mathematics During the Transition to Junior High School. *Journal of Educational Psychology*, 81.

49. Milner, H. R. (2002). A Case Study of An Experienced Teacher's Self Efficacy and Persistence Through Crisis Situations: Theoretical and Practical Considerations. *The High School Journal*, 86.

50. Milner, H. R. &Woolfolk Hoy, A. (2003). A Case Study of African American Teacher's Self - efficacy, Stereotype Threat, And Persistence. *Teaching and Teacher Education*, 19.

51. Moore, W. and Esselman, M. (1992). Teacher Efficacy, Power, School Climate and Achievement: *A Desegregating District's Experience*. Paper Presented at the Annual Meeting of the American Educational Research Association, San Francisco.

52. Morrison, G. , Wakefield, P. , Walker, D. and Solberg, S. (1994). Teacher Preferences for Collaborative Relationships: Relationship to Efficacy for Teaching in Prevention - related Domains. *Psychology in the Schools*, 31.

53. Mulholland, J. and Wallace, J. (2001). Teacher Induction and Elementary Science Teaching: Enhancing Self - efficacy. *Teaching and Teacher Education*, 17.

54. Pajares, F. (1996). Self – efficacy Beliefs in Academic Settings. *Review of Educational Research*, 66.

55. Parkay, F. W., Greenwood, G., Olejnik, S. and Proller, N. (1988). A Study of the Relationship among Teacher Efficacy, Locus of Control, and Stress. *Journal of Research and Development in Education*, 21 (4).

56. Pintrich, P. R. and Schunk, D. H. (2002). *Motivation in Education: Theory, Research and Applications.* (2nd ed.) Upper Saddle River, N. J: Merill Prentice Hall.

57. Podell, D. and Soodak, L. (1993). Teacher Efficacy and Bias in Special Education Referrals. *Journal of Educational Research*, 86 (4).

58. Raudenbush, S., Rowen, B. and Cheong, Y. (1992). Contextual Effects on the Self – perceived Efficacy of High School Teachers. *Sociology of Education*, 65.

59. Riggs, I. and Enochs, L. (1990). Toward the Development of An Elementary Teacher's Science Teaching Efficacy Belief Instrument. *Science Education*, 74.

60. Rose, J. S. and Medway, F. J. (1981). Measurement of Teachers' Beliefs in Their Control Over Student Outcome. *Journal of Educational Research*, 74.

61. Ross, J. A. (1992). Teacher Efficacy and the Effect of Coaching on Student Achievement. *Canadian Journal of Education*, 17 (1).

62. Ross, J. A., Cousins, J. and Gadalla, T. (1996). Within Teacher Predictors of Teacher Efficacy. *Teaching and Teacher Education*, 12.

63. Rushton, S. P. (2000). Student Teacher Efficacy in Inner – city Schools. *The Urban Review*, 32.

64. Sargent, T. C. (2011). New Curriculum Reform Implementation and the Transformation of Educational Beliefs, Practices, and Structures in Gansu Province, *Chinese Education and Society*, 44 (6).

65. Smylie, M. A. (1988). The Enhancement Function of Staff Development: Organizational and Psychological Antecedents to Individual

Teacher Change. *American Educational Research Journal*, 25.

66. Soodak, L. and Podell, D. (1993). Teacher Efficacy and Student Problem as Factors in Special Education Referral. *Journal of Special Education*, 27.

67. Stein, M. K. and Wang, M. C. (1988). Teacher Development and School Improvement: The Process of Teacher Change. *Teaching and Teacher Education*, 4.

68. Trentham, L., Silvern, S. and Brogdon, R. (1985). Teacher Efficacy and Teacher Competency Ratings. *Psychology in Schools*, 22.

69. Tschannen – Moran, M. and Woolfolk Hoy, A. (2001). Teacher Efficacy: Capturing An Elusive Construct. *Teacher and Teacher Education*, 17.

70. Tschannen – Moran, M., Woolfolk – Hoy, A. and Hoy, W. K. (1998). Teacher Efficacy: Its Meaning and Measure. *Review of Educational Research*, 68 (2).

71. Watson, S. (1991). *A Study of the Effects of Teacher Efficacy on the Academic Achievement of Third – grade Students in Selected Elementary Schools in South Carolina*. Unpublished Doctoral Dissertation, South Carolina State College, Orangebury, SC.

72. Waugh, R. and Godfrey, J. (1993). Teacher Receptivity to System – wide Change in the Implementation Stage. *British Education Research Journal*, 19 (5).

73. Woolfolk Hoy, A. and Burke Spero, R. (2005). Changes in Teacher Efficacy During the Early Years of Teaching: A Comparison of four Measures. *Teaching and Teacher Education*, 21.

74. Woolfolk, A. E., Rosoff, B. and Hoy, W. K. (1990). Teachers's Sense of Efficacy and Their Beliefs About Managing Students. *Teaching and Teacher Education*, 6.

75. Yin, H. B. and Lee, J. C., Jin, Y. (2011). Teacher Receptivity to Curriculum Reform and the Need for Trust: An Exploratory Study from Southwest China. *The Asia – Pacific Education Researcher*, 20 (1).

后　记

本书是在博士论文的基础上完成的。书稿即将付梓出版，但心头却并无太多轻松之感。原因在于，随着近些年对农村教育的多次实地调研，经历过一次次的乡间穿行，面对农村学生那一双双充满童真的眼睛，面对农村教师那一张张朴实的笑脸，使我对农村教育产生了一种非常特殊的情感，我越来越感到农村教育研究与实践任重道远，绝非一两篇论文可以研究得透彻。因此，虽然书稿即将付梓，但是今后的研究道路与农村教育实践仍可谓"路漫漫其修远兮"。

本书的成稿得益于我在母校西北师范大学的求学与成长。母校，地处西北古丝绸要道，有着厚重浓郁的文化底蕴与人文气息。如今，虽然远离母校来到江西师范大学供职，但还是常常会在不经意间想起母校的一人一事、一草一木、一情一景。在母校的多年求学生涯中，首先要特别感谢我的两位恩师：王嘉毅教授和吕国光教授。

王嘉毅教授身正学高，在做人、做事、做学问方面都是我仰慕的灯塔，作为我的导师，王嘉毅教授教给我的不仅仅是学问，更是做人，不仅仅是论文，更是人生。衷心感激恩师王嘉毅教授多年来对我在学术风格上的影响以及学术方向上的引领。在求学期间，如果没有恩师在学习和生活上无微不至的关怀，也就很难有这个书稿的问世。恩师常常教诲学生："严于律己，宽以待人"，"工作要有声有色，朋友要有情有义，生活要有滋有味"。我相信，恩师这几句肺腑之言是我人生与工作道路上取之不尽、用之不竭的智慧源泉，我也必将在为人为学上全心全力地践行恩师的教诲。

在此还要特别感谢对我的学术成长具有重要影响的另一位恩师——吕国光教授。吕国光教授为人坦诚率真，与我亦师亦友。衷心感激吕国光教授在我本科阶段就开始给予我的思想启蒙与精神鼓励，是他潜移默化地影响着我走上了教育科学研究的道路。

我还要特别感谢王鉴教授、刘旭东教授。3年博士求学期间，王鉴教授在我的学业与研究方面给予了诸多鼓励；在博士论文开题时，他为我的研究提出了很多中肯的意见和建议。刘旭东教授多年来对我同样也给予了诸多帮助，特别是刘旭东教授对教育研究方法中量化范式取向局限性的深刻洞察与尖锐批评，使得我开始关注研究方法论本身的问题，并且对研究方法本身特别是量化范式有了更为深刻的内省与反思。

另外，本书稿的完成也是集体智慧的结晶，以下各位人士也对本书稿的完成提供了重要帮助，在此一一致以诚挚的谢意。

青海师范大学教务处李晓华处长为青海湟源县、门源县的学校实地调研提供了大力支持，并积极协调当地学校配合调研；郑敏教授在门源县当地也为课题组顺利进入学校调研提供了不少帮助，在此表示感谢。

感谢香港中文大学助理教授尹弘飚博士，他慷慨地为本研究提供了由他最新开发并修订的《教师课程改革认同问卷》；感谢香港大学教育学院洪岩璧博士，他为我传递了与本研究有关的数篇重要英文文献。

另外，在西北师范大学教育学院办公室胡勇主任的帮助下，我得以顺利发放预试问卷，对此诚表谢意。感谢师妹陈慧娴在暑假期间不辞辛苦，义务地为我分担了许多预测问卷中的质化数据录入。

感谢李泽林师兄，在甘肃秦安县的学校调研中，他给予了大力帮助，没有李泽林师兄的帮助，调研小组将在秦安县无功而返，白白浪费掉宝贵的人力、物力。感谢宁夏回族自治区教科所卢光辉师兄，他为调研工作在宁夏平罗、海原两县的顺利开展提供了重要帮助。

感谢甘肃省积石山县别藏乡甘藏沟小学王志伟校长，有关农村小学教育阶段中一些不清楚的问题我曾向他咨询过，他给了我满意的答案。同窗安富海博士、张维民博士在藏区教育调研方面给我提供了非常重要的信息。还要感谢师弟陈富博士与我一起耐心地讨论调研抽样设计的问题直至深夜，本人感动至极。另外，感谢为本书在实施调研、问卷录入、文字校稿等方面提供了大力帮助的所有师弟、师妹、同窗、同仁，在此不再一一赘述。

感谢江西师范大学对本书出版的资助，感谢江西师范大学教育学院有关领导对本书出版的关心。还要感谢江西师范大学研究生院的孙桂珍老师，她为本书的出版做了很多协调工作，另外，本书能够顺利付梓还得益于中国社会科学出版社的大力支持，尤其是责任编辑宫京蕾老师逐字逐句地对全文进行修改，她的工作既耐心又细致，在此对她的辛劳致以诚挚的谢意！由于作者水平有限，疏漏和错误之处在所难免，恳请读者赐教指正，本人电子邮箱 zhzhichun @ jxnu. edu. cn。

最后，我想说的是，家，是一个人生命中最坚实的城堡，感谢我的家人。多年来，我的母亲一直在为我默默地祈祷与支持，她的养育之恩我实在无以为报，只望自己今后能多尽些孝心。我的爱人安静为本书稿的修改也做了大量细致的工作。回首博士求学生涯，三年来我们一起相伴读书，她在我的学业与研究方面也提供了许多启发与帮助，我们还有缘一起经历了很多事情，这些都是我人生经历中的宝贵财富。

赵志纯

二〇一四年二月于南昌

附录 1

教师调查问卷

尊敬的教师：

　　您好！我们正在进行一项关于教师工作状况的调查。您对每个问题的如实回答对我们的研究都至关重要，因此，请不要遗漏任何一个问题。本调查的完成需要您的积极配合，调查信息也只作研究用途，不记姓名，答案也无对错之分，因此，您在回答时不必有什么顾虑，请根据您的实际情况进行回答即可。衷心感谢您的积极合作与热心支持！

西北师范大学课题组

一、个人基本情况

1. 您的性别：①男　②女

2. 您的年龄：_____岁

3. 您的教龄：_____年

4. 您的民族：_____族

5. 您是否班主任：①是　②否

6. 您现在的职称是：①见习期/未评　②小教二级　③小教一级
　　　　　　　　　④小教高级　⑤中教三级　⑥中教二级
　　　　　　　　　⑦中教一级　⑧中教高级

7. 您是：①公办教师　②民办教师　③代课教师
　　　　④其他（请注明）_____

8. 您现在任教的学校是：①教学点　②村小　③中心小学

　　　　　　　　　　　　④初中　⑤高中

9. 您任教的学校坐落在：①乡村　②县城　③城市

10. 您目前的学历是：①小学及小学以下　②初中　③高中

　　　　　　　　　　④中专　⑤大专　⑥本科　⑦硕士及以上

11. 您的主教科目：（限填一门，如果同时兼任几门课，只填写最主要教授的科目）＿＿＿＿＿＿＿

12. 您所学专业是否与所教科目一致：①一致　②不一致

13. 您在学校的职务是：

①普通教师　②教研组长　③年级组长　④教务主任　⑤副校长
⑥正校长　⑦其他（请注明）＿＿＿＿＿＿

14. 在通常情况下，您平均每星期花多少时间在下列教学工作上：

	小时		小时
a. 批改作业		e. 组织学生课外活动	
b. 备课（不包括批作业）		f. 参加政治学习和校内业务学习	
c. 参加教研组的活动		g. 家访	
d. 对学生进行课外辅导		h. 对学生做思想工作	

15. 您认为在课堂教学中最大的困难是什么？（只填写一个最典型、最具代表性的）

＿＿＿＿＿＿＿＿＿＿＿＿＿＿＿＿＿＿＿＿＿＿＿＿

16. 您认为在教育工作中最大的困难是什么？（只填写一个最典型、最具代表性的）

＿＿＿＿＿＿＿＿＿＿＿＿＿＿＿＿＿＿＿＿＿＿＿＿

二、本部分共计2道题，每题9个选项，都是单选，请您在合适的数字上打"√"。

　　　　　　　　　极　　比　　　　　比　　非
　　　　　　　　　其　　较　　一　　较　　常
　　　　　　　　　不　　不　　般　　满　　满
　　　　　　　　　满　　满　　　　　意　　意

1. 总体而言，您对您目前所从事的
教师职业的满意度是　　　　　　　1…2…3…4…5…6…7…8…9

　　　　　　　　　　　　　无　　小　　中　　大　　极
　　　　　　　　　　　　　　　　　　　　　　　　　　大

2. 总体而言，您感到目前的工作压力　1…2…3…4…5…6…7…8…9

　　三、本部分共计 12 道题，每题 9 个选项，都是单选，请您在合适的数字上打"√"。

　　　　　　　　　　　　　完　　能　　能　　能　　能
　　　　　　　　　　　　　全　　力　　力　　力　　力
　　　　　　　　　　　　　不　　较　　中　　较　　极
　　　　　　　　　　　　　能　　弱　　等　　强　　强

1. 在课堂上，您能够在多大程度上
控制学生的捣乱行为？　　　　　　1…2…3…4…5…6…7…8…9

2. 您能够在多大程度上激发那些低
学业兴趣之学生的积极性？　　　　1…2…3…4…5…6…7…8…9

3. 您能够在多大程度上使学生们相
信他们有能力在学业上取得出色的　1…2…3…4…5…6…7…8…9
成绩？

4. 您能够在多大程度上促使您的学
生重视学业？　　　　　　　　　　1…2…3…4…5…6…7…8…9

5. 在课堂上，您能够在多大程度上
对学生提出好的问题？　　　　　　1…2…3…4…5…6…7…8…9

6. 您能够在多大程度上使学生们遵
守课堂纪律？　　　　　　　　　　1…2…3…4…5…6…7…8…9

7. 在课堂上，如果有学生捣乱或喧
闹，您能够在多大程度上导正他　　1…2…3…4…5…6…7…8…9
（她）的这种行为？

8. 对于不同层次的学生，您能够在
多大程度上建立起一套切实有效的课　1…2…3…4…5…6…7…8…9
堂管理秩序？

第三部分（续表）

	完全不能	能力较弱	能力中等	能力较强	能力极强
9. 您能够在多大程度上运用多种评价策略来评价学生？	1…2…3…4…5…6…7…8…9				
10. 在课堂上，如果学生们对某一问题困惑不解时，您能够在多大程度上向他们提供其他的解释或例子？	1…2…3…4…5…6…7…8…9				
11. 您能够在多大程度上协助家长使他们可以帮助其子女在学校中表现良好？	1…2…3…4…5…6…7…8…9				
12. 在课堂上，您能够在多大程度上灵活地实施各种教学策略？	1…2…3…4…5…6…7…8…9				

　　四、本部分共计 15 道题，每题 6 个选项，都是单选，请您在合适的数字上打"√"。

	完全不同意	比较不同意	不同意	同意	比较同意	完全同意
1. 我很好地掌握了有助于保持学生学习动机的教学策略。	1……2……3……4……5…6					
2. 我的教学方法能够非常有效地促进学生的学习。	1……2……3……4……5…6					
3. 我知道如何教学才能使学生迅速掌握新的概念或知识点。	1……2……3……4……5…6					
4. 我有能力使学生们遵守规章制度。	1……2……3……4……5…6					
5. 我具备有效的课堂管理技能。	1……2……3……4……5…6					

第四部分（续表）

	完全不同意	比较不同意	不同意	同意	比较同意	完全同意
6. 我发现我易于使学生明白我对他们的期望。	1	2	3	4	5	6
7. 我能够通过与学生沟通使他们明白我非常希望他们具有良好的行为表现。	1	2	3	4	5	6
8. 如果在课堂上有学生捣乱或喧闹，我总是有能力及时进行导正。	1	2	3	4	5	6
9. 我擅长向学生提供指导与咨询。	1	2	3	4	5	6
10. 每当在日常生活中遇到困难时，学生们常常会找我，因为他们知道我能够帮助他们。	1	2	3	4	5	6
11. 我擅长理解学生的心理需求并懂得这些需求是如何引发问题行为的。	1	2	3	4	5	6
12. 我总是有能力帮助学生处理情绪问题以使他们更好地适应生活。	1	2	3	4	5	6
13. 无论我怎么做，总有一些学生无法表现良好。	1	2	3	4	5	6
14. 在学生的纪律方面，教师的能力是十分有限的，因为它还要受到当前社会风气的影响。	1	2	3	4	5	6
15. 我发现有一些学生根本无法加以有效的管教。	1	2	3	4	5	6

　　五、本部分想了解您个人对新课程的一些态度与看法，共计16道题，每题6个选项，都是单选，请您在合适的数字上打"√"。

	完全不同意	比较不同意	不同意	同意	比较同意	完全同意
1. 新课程的教育理念反映了我的教育观念。	1	2	3	4	5	6

第五部分（续表）

	完全不同意	比较不同意	不同意	同意	比较同意	完全同意

2. 新课程的教学方法符合我的教学风格。　1……2……3……4……5……6

3. 新课程让学生对学习更感兴趣了。　1……2……3……4……5……6

4. 新课程让学生参与更多有意义的学习活动。　1……2……3……4……5……6

5. 我对实施新课程有疑虑。　1……2……3……4……5……6

6. 平等轻松的学习气氛会不利于学生的学习进步。　1……2……3……4……5……6

7. 新课程倡导的学习方法对学生会产生负面影响。　1……2……3……4……5……6

8. 本校学生家长不支持新课程改革。　1……2……3……4……5……6

9. 新课程否定了我以前用的教育方法。　1……2……3……4……5……6

10. 本校中大部分教师都支持新课程。　1……2……3……4……5……6

11. 因为考试的压力没有办法实施新课改所要求的教学方法的改变。　1……2……3……4……5……6

12. 因为教学资源不充足新课改所提倡的教学方法应用。　1……2……3……4……5……6

13. 实施新课改所要求的教学方法让我感到心理压力。　1……2……3……4……5……6

14. 新教材的内容太浅。　1……2……3……4……5……6

15. 新课改将会拉大学生成绩的差距。　1……2……3……4……5……6

第五部分（续表）

	完全不同意	比较不同意	不同意	同意	比较同意
16. 新课程不适合我所在学校的实际情况。	1……2……3……4……5……6				

六、本部分想了解您个人对您所在学校的一些态度与看法，共计16道题，每题6个选项，都是单选，请您在合适的数字上打"√"。

	完全不同意	比较不同意	不同意	同意	比较同意	完全同意
1. 即便有更好的工作机会，我也认为随意离开这所学校是不道德的。	1……2……3……4……5……6					
2. 如果现在离开这所学校，我会有愧疚感。	1……2……3……4……5……6					
3. 这所学校值得我对它忠诚。	1……2……3……4……5……6					
4. 因为我对这所学校负有责任与义务，所以我不会随意离开这所学校。	1……2……3……4……5……6					
5. 我受到这所学校的很多恩惠。	1……2……3……4……5……6					
6. 我非常乐意在这所学校度过今后的职业生涯。	1……2……3……4……5……6					
7. 我觉得学校的事就好像是我自己的事。	1……2……3……4……5……6					
8. 在这所学校，我有强烈的归属感。	1……2……3……4……5……6					
9. 我对这所学校有着深厚的感情。	1……2……3……4……5……6					
10. 在这所学校，我感到自己是大家庭中的一员。	1……2……3……4……5……6					

第六部分（续表）

	完全不同意	比较不同意	不同意	同意	比较商意	完全同意
11. 我非常乐意与他人谈论我的学校。	1	2	3	4	5	6
12. 就目前而言，继续留在这所学校工作是必须的，而且是我所想要的。	1	2	3	4	5	6
13. 就算我真的很想离开这所学校，但要付诸行动还是非常困难的。	1	2	3	4	5	6
14. 如果我决定立刻离开这所学校，我的生活将会一团乱。	1	2	3	4	5	6
15. 如果我现在离开这所学校，将会有很大的个人损失。	1	2	3	4	5	6
16. 我认为我没有太多的选择来考虑离职的事。	1	2	3	4	5	6

　　七、本部分想了解您个人对您所在学校校长的一些态度与看法，共计 16 道题，每题 6 个选项，都是单选，请您在合适的数字上打"√"。

　　您所在学校的校长……

	完全不同意	比较不同意	不同意	同意	比较同意	完全同意
1. 鼓励教师运用不同的教学策略。	1	2	3	4	5	6
2. 对我的期望高。	1	2	3	4	5	6
3. 没有听过我的课。	1	2	3	4	5	6
4. 让我参与学校管理的决策。	1	2	3	4	5	6

第七部分（续表）

	完全不同意	比较不同意	不同意	同意	比较同意	完全同意

5. 在纪律管理方面做得不是很好。　1……2……3……4……5……6

6. 很难接受新的观念。　1……2……3……4……5……6

7. 对我很尊重。　1……2……3……4……5……6

8. 强调教师之间的合作。　1……2……3……4……5……6

9. 给我提供自我发展的机会。　1……2……3……4……5……6

10. 没有观察我的教学就给我下结论。　1……2……3……4……5……6

11. 用奖惩手段来影响我的教学。　1……2……3……4……5……6

12. 努力改善学校环境和加强校风建设。　1……2……3……4……5……6

13. 重视学校和社区的合作与联系。　1……2……3……4……5……6

14. 是很好的教学咨询对象。　1……2……3……4……5……6

15. 与所有的教师进行交流，使他们意识到自己对学校的重要性。　1……2……3……4……5……6

16. 校长能很好地组织教师们一起工作。　1……2……3……4……5……6

八、本部分是最后一部分，共计 9 道题，每题 6 个选项，都是单选，请您在合适的数字上打"√"。

	完全不同意	比较不同意	不同意	同意	比较同意
1. 我想换职业。	1	2	3	4	5……6
2. 我想换所学校工作。	1	2	3	4	5……6
3. 我认为师生之间应该保持一段距离。	1	2	3	4	5……6
4. 好学生一教就会，差学生再教也没用。	1	2	3	4	5……6
5. 我所在的社区尊重教师。	1	2	3	4	5……6
6. 我的教学自主性很大。	1	2	3	4	5……6
7. 我对待工作干劲十足。	1	2	3	4	5……6
8. 我全身心地投入到工作中。	1	2	3	4	5……6
9. 我对待工作充满激情。	1	2	3	4	5……6

＊问卷调查到此结束，真诚感谢您的积极配合！

＊如果您对本次问卷调查还有什么意见和建议，请您畅所欲言：

＊如果您对本调查感兴趣，可以留下您的 Email，我们将在一年内把相关研究信息通过网络发送给您。电子邮箱（Email）

附录 2

新课程改革教师问卷

尊敬的各位老师：

您好！我们正在进行一项关于西北地区新课程改革实施现状、问题及其对策的课题研究。本调查的完成真诚需要您的积极配合，答案没有对错之分，调查信息只进行团体分析，绝不针对个人，因此，您在回答时不必有什么顾虑，请根据您的实际情况作答即可。真诚感谢您在百忙中抽空填答此问卷，深深感谢您的积极合作与热心支持！

西北师范大学课题组

第一部分：个人基本情况

1. 您的性别：①男 ②女

2. 您是否班主任：①是 ②否

3. 您的年龄是：_____岁

4. 您的教龄是：_____年（可以写小数，例如，您的教龄为半年就写为 0.5 年，依此类推）

5. 您的民族是：_____族

6. 您通常备课是： ①自己一个人备课 ②与其他老师集体备课

7. 您的学校类型是： ①小学 ②初中 ③高中 ④九年一贯制中学

8. 您的学校坐落在： ①乡村 ②县城 ③城市

9. 您目前的职称： ①见习期/未评 ②小教二级 ③小教一级 ④小教高级 ⑤中教三级 ⑥中教二级 ⑦中教一级 ⑧中教高级

10. 您目前的学历： ①小学及小学以下 ②初中 ③中专
④高中

11. 您目前的职务： ①普通教师 ②教研组长 ③年级组长
④教务主任 ⑤副校长 ⑥正校长 ⑦其他（请注明）：＿＿＿＿

12. 您的任教班级：（如果您同时带几个班，请全都写出来，例
如：高 2 年级 3 班化学课，初 1 年级 5 班语文课）

＿＿＿＿年级＿＿＿＿班＿＿＿＿课；＿＿＿＿年级＿＿＿＿班
＿＿＿＿课；＿＿＿＿年级＿＿＿＿班＿＿＿＿课；
＿＿＿＿年级＿＿＿＿班＿＿＿＿课；＿＿＿＿年级＿＿＿＿班
＿＿＿＿课；＿＿＿＿年级＿＿＿＿班＿＿＿＿课

第二部分：主观题（本问卷分主观题与选择题两大类，本部分全都是主观题，其余部分都是选择题）

填答说明：主观题的回答，绝无对错之分，您是怎么认为的，您就尽管怎么回答，不必有所顾虑。主观题的回答对我们的研究非常重要，因此，恳请您配合填写所有的 6 道主观题，请不要遗漏，向您致以深深的谢意！

1. 就您的切身体验而言，您在新课改中遇到的最突出的问题是什么？

＿＿＿＿＿＿＿＿＿＿＿＿＿＿＿＿＿＿＿＿＿＿＿＿＿＿＿＿

2. 就您的理解而言，教学是什么？

＿＿＿＿＿＿＿＿＿＿＿＿＿＿＿＿＿＿＿＿＿＿＿＿＿＿＿＿

3. 就您的理解而言，教学的目的是什么？

＿＿＿＿＿＿＿＿＿＿＿＿＿＿＿＿＿＿＿＿＿＿＿＿＿＿＿＿

4. 就您的理解而言，哪些教学的方法或做法比较有效？

＿＿＿＿＿＿＿＿＿＿＿＿＿＿＿＿＿＿＿＿＿＿＿＿＿＿＿＿

5. 就您的理解而言，课程是什么？

＿＿＿＿＿＿＿＿＿＿＿＿＿＿＿＿＿＿＿＿＿＿＿＿＿＿＿＿

6. 就您的理解而言，一堂好课的标准是什么？

＿＿＿＿＿＿＿＿＿＿＿＿＿＿＿＿＿＿＿＿＿＿＿＿＿＿＿＿

第三部分：本部分主要想了解您对知识的一些看法

选择题填答说明：以本部分为例，本部分总共"1"至"6"6个选项，选项区间从"非常反对"一直变化至"非常同意"，全都是单选，请您在选出的选项上打"√"或画"○"，您可以使用任何颜色、任何种类的笔作答，只要作答清晰可辨即可。后面各部分的填答方法都与本部分相似。

作为研究人员，我们由衷恳请您抽出时间真诚作答，表达出您的真实想法。但如果您实在有困难不愿意作答，我们也尊重您不愿作答的权利，您把问卷空着交回来也可以，我们也能够理解。对于您的积极配合与支持，我们不胜感激！

	非常反对	较为反对	一般反对	一般同意	较为同意	非常同意
1. 知识是经过实践检验的真理。	1	2	3	4	5	6
2. 知识是对万物科学的、客观的认识。	1	2	3	4	5	6
3. 知识是经过长期实践总结出来的真理。	1	2	3	4	5	6
4. 知识是经验的固化。	1	2	3	4	5	6
5. 知识是已被证明是正确的经验。	1	2	3	4	5	6
6. 知识是由科学家发现与总结出的真理性理论。	1	2	3	4	5	6
7. 知识是最具科学性的理论。	1	2	3	4	5	6
8. 知识是可靠的。	1	2	3	4	5	6

第四部分：本部分主要想了解您在教学方面的一些观点

	非常反对	较为反对	一般反对	一般同意	较为同意	非常同意
1. 理解学生的情绪情感对课堂教学很重要。	1	2	3	4	5	6

（续表）

	非常反对	较为反对	一般反对	一般同意	较为同意	非常同意
2. 如果学生损坏了学校公共财产应当受到严厉惩罚。	1	2	3	4	5	6
3. 在课堂上，学生应当保持安静并配合教师的教学。	1	2	3	4	5	6
4. 学生集合时排好队保持整齐是必要的。	1	2	3	4	5	6
5. 学习的关键在于学生是否记住了教师所教的内容。	1	2	3	4	5	6
6. 学生不应该在课堂上当众反驳教师。	1	2	3	4	5	6
7. 针对不同的学生，应当采取不同的学习目标与期望。	1	2	3	4	5	6
8. 应当常常提醒学生们师生地位有别。	1	2	3	4	5	6
9. 教学意味着向学生提供准确且完整的知识而非鼓励他们去自行发现。	1	2	3	4	5	6
10. 学生们往往缺乏理性处理问题的能力。	1	2	3	4	5	6
11. 一堂好课的关键在于创设民主与自由的氛围从而调动学生的积极思考与互动。	1	2	3	4	5	6
12. 对个别痞子学生应当严加对待。	1	2	3	4	5	6
13. 教师的主要任务在于教给学生知识或信息，安排他们进行反复的练习与实践，并检查他们是否记学习内容。	1	2	3	4	5	6
14. 对学生友好亲近往往会导致他们太过随便。	1	2	3	4	5	6
15. 教学应当非常灵活以适应不同学生的个体差异性。	1	2	3	4	5	6

16. 教会学生服从规定比教会学生自己决定更重要。	1	2	3	4	5	6
17. 只有管住了学生才能使他们学有所得。	1	2	3	4	5	6
18. 新教师对学生的管理往往不够严格。	1	2	3	4	5	6
19. 应当给学生充分的机会让他们表达自己的想法或观点。	1	2	3	4	5	6
20. 对不听话的顽劣学生采用讽刺挖苦是一种有效的惩罚手段。	1	2	3	4	5	6
21. 课堂教学的关键在于使学生端坐静听、认真学习课本知识。	1	2	3	4	5	6
22. 教师惩罚学生时校长应给予配合与支持。	1	2	3	4	5	6
23. 教师应当时刻管住学生的行为。	1	2	3	4	5	6

第五部分：本部分主要想了解您对自身教学能力的判断。

特别说明：本部分 12 题，每题有"1"至"9"九个选项，选项"1"、"3"、"5"、"7"、"9"分别对应"极难做到"、"较难做到"、"一般"、"较易做到"、"得心应手"，选项"2"、"4"、"6"、"8"意思是能力介于两个相邻的选项之间。全都是单选，请在符合您实际情况的选项上打"√"或画"○"。

	极难做到		较难做到		一般		较易做到		得心应手
1. 在课堂上，您能够在多大程度上控制学生干扰教学的行为。	1	2	3	4	5	6	7	8	9
2. 您能够在多大程度上激发那些对本学科不感兴趣的学生的积极性。	1	2	3	4	5	6	7	8	9

（续表）

	极难做到	……	较难做到	……	一般	……	较易做到	…	得心应手
3. 您能够在多大程度上使学生相信他们有能力在学业上取得良好的成绩。	1	2	3	4	5	6	7	8	9
4. 您能够在多大程度上促使您的学生重视学业。	1	2	3	4	5	6	7	8	9
5. 在课堂上，您能够在多大程度上对学生提出具有启发性的好问题。	1	2	3	4	5	6	7	8	9
6. 您能够在多大程度上使学生们遵守课堂纪律。	1	2	3	4	5	6	7	8	9
7. 在课堂上，当有学生捣乱或喧闹，您能够在多大程度上导正他（她）的这种行为。	1	2	3	4	5	6	7	8	9
8. 针对不同层次的学生，您能够在多大程度上建立起一套行之有效的课堂管理秩序。	1	2	3	4	5	6	7	8	9
9. 您能够在多大程度上运用多种评价策略来评价学生。	1	2	3	4	5	6	7	8	9
10. 在课堂上，当学生对某一问题困惑不解时，您能够在多大程度上向学生提供其他角度的解释或例子。	1	2	3	4	5	6	7	8	9
11. 您能够在多大程度上帮助家长促使他们的孩子在学校中做得更好。	1	2	3	4	5	6	7	8	9
12. 在课堂上，您能够在多大程度上灵活地实施各种教学策略。	1	2	3	4	5	6	7	8	9

第六部分：本部分主要想了解在新课程的推行中您所遇到的问题、困难等

	非常反对	较为反对	一般反对	一般同意	较为同意	非常同意
1. 考虑到新课程可以为我带来教学的满足感，我认为尽管工作量会增加，但新课程改革值得进行。	1	2	3	4	5	6
2. 考虑到新课程可以更好地培养学生的独立性和自主性，我认为尽管工作量大，但新课程改革值得进行。	1	2	3	4	5	6
3. 考虑到新课程可以使学生发展多方面的潜能，我认为尽管工作量会增加，但新课程改革值得进行。	1	2	3	4	5	6
4. 考虑到新课程可以不断提高我的教学水平，我认为尽管工作量会增加，但新课程改革值得进行。	1	2	3	4	5	6
5. 新课程倡导的教育理念符合我的教育观。	1	2	3	4	5	6
6. 新课程建议的教学方法适合我的教学风格。	1	2	3	4	5	6
7. 新课程建议的学生评价方式可以在我的教学中实现。	1	2	3	4	5	6
8. 新课程让学生对学习更感兴趣了。	1	2	3	4	5	6

（续表）

	非常反对	较为反对	一般反对	一般同意	较为同意	非常同意
9. 就我自己的切身感受而言，新课程的确能够增进学生的知识。	1	2	3	4	5	6
10. 就我自己的切身感受而言，新课程的确能够提高学生的能力。	1	2	3	4	5	6
11. 新课程倡导的学生自主、合作、探究能够在我的课堂中实现。	1	2	3	4	5	6
12. 我可以在学校会议上表达我对实施新课程的疑虑。	1	2	3	4	5	6
13. 在实施新课程遇到困难时，我至少可以向一位有经验的同事请教。	1	2	3	4	5	6
14. 学校有定期的培训活动让我从中学习如何进行新课程改革。	1	2	3	4	5	6
15. 在学校的会议上，校长经常强调推行新课程改革的重要性。	1	2	3	4	5	6
16. 本校中大多数教师支持在校内推行新课程。	1	2	3	4	5	6
17. 当我缺乏与新课改有关的资源（例如书籍、光盘）时，校方会及时提供帮助（例如购买、借用）。	1	2	3	4	5	6
18. 本校学生的家长支持新课程改革。	1	2	3	4	5	6
19. 教育行政部门颁布的政策为新课程的实施创设了良好的环境。	1	2	3	4	5	6

（续表）

	非常反对	较为反对	一般反对	一般同意	较为同意	非常同意
20. 师资培训机构给我提供了充分的新课程培训。	1	2	3	4	5	6
21. 我将积极而公开地支持本校进行新课程改革	1	2	3	4	5	6
22. 我赞同本校实施新课程。	1	2	3	4	5	6
23. 我将向同事指出进行新课程改革的可行性。	1	2	3	4	5	6

第七部分：本部分主要想了解您平常在生活处事方面的一些情况

	极不符合	较不符合	基本不符合	基本符合	较为符合	非常符合
1. 情绪不好丝毫不会影响我的工作。	1	2	3	4	5	6
2. 意见讨论时，我会兼顾相互争执的意见。	1	2	3	4	5	6
3. 我会试着在意见争执的场合中，找出让大家都能接受的意见。	1	2	3	4	5	6
4. 我办事从来都是客观公正的。	1	2	3	4	5	6
5. 我通常会以委婉的方式表达具有冲突的意见。	1	2	3	4	5	6
6. 要避免发生错误，最好的办法之一是听从长辈的建议。	1	2	3	4	5	6
7. 我在任何时候都能保持沉着、冷静。	1	2	3	4	5	6

（续表）

	极不符合	较不符合	基本不符合	基本符合	较为符合	非常符合
8. 我习惯从多方面的角度来思考同一件事情。	1	2	3	4	5	6
9. 我会试着在自己与他人的意见中，找到一个平衡点。	1	2	3	4	5	6
10. 即使对我的当面批评很正确，我也会觉得难堪。	1	2	3	4	5	6
11. 意见决定时，我会试着以和谐的方式让少数人接受多数人的意见。	1	2	3	4	5	6
12. 领导好比一家之长，学校的大事应主要听从他的安排。	1	2	3	4	5	6
13. 我做每件事情，注意力都是非常集中的。	1	2	3	4	5	6
14. 在意见表决时，我会听取所有的意见。	1	2	3	4	5	6
15 我会在考虑他人的意见后，调整我原来的想法。	1	2	3	4	5	6
16. 我有时也会假公济私，为自己人做些事。	1	2	3	4	5	6
17. 适当的时候，我会占些小便宜。	1	2	3	4	5	6
18. 我在决定意见时，通常会考虑整体气氛的和谐性。	1	2	3	4	5	6
19. 尊重、服从领导是美德。	1	2	3	4	5	6
20. 我绝对不会把当天的事情拖到明天去做的。	1	2	3	4	5	6
21. 做决定时，我会考虑权衡各种可能的状况。	1	2	3	4	5	6

（续表）

	极不符合	较不符合	基本不符合	基本符合	较为符合	非常符合
22. 我期待在讨论的过程中，可以获得具有共识的结论。	1	2	3	4	5	6
23. 我做事情有时会虎头蛇尾。	1	2	3	4	5	6
24. 做决定时，我通常会为了顾及整体的和谐，而调整自己的表达方式。	1	2	3	4	5	6
25. 当产生争执又不能解决时，应请资历最老的同事主持公道。	1	2	3	4	5	6
26. 我会试着将自己的意见融入到他人的想法中。	1	2	3	4	5	6
27. 即使对某个人有意见，我往往也不会和其开诚布公地谈。	1	2	3	4	5	6

第八部分：本部分主要想了解您在上课时对各种教学方法的使用情况

	从不使用	很少使用	一般	较多使用	大量使用
1. 课堂练习。	1	2	3	4	5
2. 给学生提开放式问题。	1	2	3	4	5
3. 师生课堂讨论。	1	2	3	4	5
4. 学生小组讨论。	1	2	3	4	5
5. 让学生集体回答问题。	1	2	3	4	5

（续表）

	从不使用	很少使用	一般	较多使用	大量使用
6. 让学生单独回答问题。	1	2	3	4	5
7. 讲授。	1	2	3	4	5
8. 学生背诵。	1	2	3	4	5
9. 让学生自主地探究与研究性学习。	1	2	3	4	5
10. 要求学生在教材中查找问题的答案。	1	2	3	4	5
11. 角色表演。	1	2	3	4	5
12. 使用电脑辅助教学。	1	2	3	4	5
13. 鼓励学生形成自己的想法或者说出自己的理解。	1	2	3	4	5
14. 用教具进行演示教学。	1	2	3	4	5
15. 通过游戏进行教学。	1	2	3	4	5
16. 让学生动手操作。	1	2	3	4	5

第九部分：本部分主要想了解您和学生相处的一些情况

	极不符合	较不符合	基本不符合	基本符合	较为符合	非常符合
1. 我在上课时很有激情。	1	2	3	4	5	6
2. 我很信任我的学生。	1	2	3	4	5	6
3. 我说话做事的变数比较大。	1	2	3	4	5	6
4. 我的情绪和行为不太稳定。	1	2	3	4	5	6

（续表）

	极不符合	较不符合	基本不符合	基本符合	较为符合	非常符合
5. 我能够给学生把问题讲得清楚明白。	1	2	3	4	5	6
6. 当学生们与我的观点不同时，我愿意与他们一起讨论。	1	2	3	4	5	6
7. 我常常犹豫不决、思前想后。	1	2	3	4	5	6
8. 我常常斥责我的学生。	1	2	3	4	5	6
9. 学生们很喜欢上我的课。	1	2	3	4	5	6
10. 如果学生们听不懂，我很乐意重新讲解。	1	2	3	4	5	6
11. 我常常有种不知所措的感觉，不知道自己到底在做什么。	1	2	3	4	5	6
12. 如果学生违反纪律，我会立即严厉追究。	1	2	3	4	5	6
13. 如果我的课上有人搞小动作或不认真听讲，我马上就能发现。	1	2	3	4	5	6
14. 如果学生们有什么事情想对我说，我很愿意倾听。	1	2	3	4	5	6
15. 学生们常把我弄得团团转。	1	2	3	4	5	6
16. 如果学生们做错了事情，我会好好教训他们。	1	2	3	4	5	6
17. 我能管得住学生。	1	2	3	4	5	6
18. 当学生们听不懂的时候，我能很快意识到他们跟不上。	1	2	3	4	5	6
19. 当学生们不好好学习时，我也拿他们没办法。	1	2	3	4	5	6

20. 我常常被学生们惹火。	1	2	3	4	5	6
21. 学生们很佩服我。	1	2	3	4	5	6
22. 我对学生们很有耐心。	1	2	3	4	5	6
23. 学生们常常捉弄我。	1	2	3	4	5	6
24. 我对学生讽刺挖苦的语气相对较多。	1	2	3	4	5	6
25. 我常常辅导学生们的功课。	1	2	3	4	5	6
26. 在我的课堂上，学生们有一定的自主权。	1	2	3	4	5	6
27. 我常常怀疑学生们在骗我。	1	2	3	4	5	6
28. 我对学生们很严格。	1	2	3	4	5	6
29. 我对学生们很亲切。	1	2	3	4	5	6
30. 我尊重学生的意见，并会按照他们的意见改进教学。	1	2	3	4	5	6
31. 我认为学生们毕竟都是小孩子，啥都不太懂。	1	2	3	4	5	6
32. 在我的课堂上，没有学生敢随便说话、捣乱或搞小动作。	1	2	3	4	5	6
33. 学生们很信任我。	1	2	3	4	5	6
34. 我常常让学生们小组课堂讨论。	1	2	3	4	5	6
35. 我带的学生们基础很差。	1	2	3	4	5	6
36. 在学生面前，我总是很严肃。	1	2	3	4	5	6
37. 我幽默风趣。	1	2	3	4	5	6

（续表）

	极不符合	较不符合	基本不符合	基本符合	较为符合	非常符合
38. 在我的课上，即便学生们犯些错误或答错问题，我也不会责怪他们。	1	2	3	4	5	6
39. 我带的学生们什么事都做不来，不能令人放心。	1	2	3	4	5	6
40. 我对学生们的要求非常高。	1	2	3	4	5	6
41. 学生们常常可以跟我开玩笑。	1	2	3	4	5	6
42. 在课堂上，我常常留给学生们很多自主学习的时间。	1	2	3	4	5	6
43. 我对我的学生们的表现很不满意。	1	2	3	4	5	6
44. 我对学生们是有好心、没好脸。	1	2	3	4	5	6
45. 上我的课学生们感到很愉快。	1	2	3	4	5	6
46. 我对学生们很宽容。	1	2	3	4	5	6
47. 学生们不理解我的苦心。	1	2	3	4	5	6
48. 学生们都比较害怕我。	1	2	3	4	5	6

第十部分：本部分主要想了解您所在学校校长在领导与管理方面的一些情况

	极不符合	较不符合	基本不符合	基本符合	较为符合	非常符合
1. 校长关怀我个人的生活与起居。	1	2	3	4	5	6
2. 校长平常会向我嘘寒问暖。	1	2	3	4	5	6
3. 我有急难时，校长会及时伸出援手。	1	2	3	4	5	6
4. 对相处较久的部属，校长会做无微不至的照顾。	1	2	3	4	5	6
5. 校长对我的照顾会扩及我的家人。	1	2	3	4	5	6
6. 校长为人正派，不会假公济私。	1	2	3	4	5	6
7. 校长对待我们公正无私。	1	2	3	4	5	6
8. 校长不会因个人的利益去拉关系、走后门。	1	2	3	4	5	6
9. 校长是我做人做事的好榜样。	1	2	3	4	5	6
10. 校长能够以身作则。	1	2	3	4	5	6
11. 校长一般不把消息透露给我们知道。	1	2	3	4	5	6
12. 本单位大小事情都由校长自己独力决定。	1	2	3	4	5	6

（续表）

	极不符合	较不符合	基本不符合	基本符合	较为符合	非常符合
13. 开会时，都照校长的意思做最后的决定。	1	2	3	4	5	6
14. 与校长一起工作时，他带给我很大的压力。	1	2	3	4	5	6
15. 当任务无法达成时，校长会斥责我们。	1	2	3	4	5	6
16. 校长心目中的模范下属，必须对他言听计从。	1	2	3	4	5	6
17. 校长采用严格的管理方法。	1	2	3	4	5	6
18. 触犯校长的做事原则时，我们会受到严厉的处罚。	1	2	3	4	5	6
19. 在我们面前，他常常表现出威严的样子。	1	2	3	4	5	6
20. 校长很关心我的个人成长和专业发展。	1	2	3	4	5	6
21. 校长经常给我提供培训和学习的机会。	1	2	3	4	5	6
22. 校长允许我工作中失误，使我能够从中学到东西。	1	2	3	4	5	6
23. 校长会因为我工作任务完成出色而为我争取升职的机会。	1	2	3	4	5	6
24. 校长会因为我工作任务完成出色而为我争取加薪的机会。	1	2	3	4	5	6
25. 校长经常为我创造露脸和锻炼的机会。	1	2	3	4	5	6
26. 校长会严肃地指出我工作中的过错。	1	2	3	4	5	6

（续表）

	极不符合	较不符合	基本不符合	基本符合	较为符合	非常符合
27. 校长经常询问我的工作进展情况。	1	2	3	4	5	6
28. 校长会因为我没完成工作目标而给以批评。	1	2	3	4	5	6
29. 校长会定期抽查我的工作是否在顺利地进行。	1	2	3	4	5	6
30. 校长不干涉我职权范围的工作。	1	2	3	4	5	6
31. 校长充分授权，让我全面负责我所承担的工作。	1	2	3	4	5	6
32. 校长给我相应的权限，让我在工作中能自主决策。	1	2	3	4	5	6
33. 校长注重工作目标。	1	2	3	4	5	6
34. 校长为我设定工作目标，并要求我确保完成。	1	2	3	4	5	6
35. 校长按时考核我的工作是否完成。	1	2	3	4	5	6
36. 校长注重工作结果。	1	2	3	4	5	6
37. 在工作中遇到问题时，校长积极倾听我的意见和建议。	1	2	3	4	5	6
38. 在做决策时，校长尊重和重视我的建议。	1	2	3	4	5	6
39. 校长经常创造机会使我能充分发表自己的意见。	1	2	3	4	5	6
40. 涉及我和我的工作时，校长在做决策前会征求我的意见。	1	2	3	4	5	6

（续表）

	极不符合	较不符合	基本不符合	基本符合	较为符合	非常符合
41. 校长经常鼓励我，增强我的信心。	1	2	3	4	5	6
42. 当我在工作中遇到困难，校长及时给以帮助。	1	2	3	4	5	6
43. 校长对我的工作给以足够的支持。	1	2	3	4	5	6

问卷调查到此结束，真诚感谢您的积极配合！

如果您对本次问卷调查有什么意见和建议，请您畅所欲言：

_____

如果您对本研究及其结果感兴趣，烦请留下您的电子邮箱，我们承诺将在一年内把主要的相关通过网络发送给您分享。

您的电子邮箱（EMAIL）_____